スコアアップに向けた2つ

短期間で目標スコアを手に入れる
スコア別シリーズ

新TOEIC®テスト730点突破のルール 20

はじめての受験にはこの1冊。
Part 1〜7の全パートに対応したルールで730点を越える!

新TOEIC®テスト900点獲得のルール 20

900点獲得に必要なルールだけを厳選。
最後のハードルを越えたい上級者向け!

★スコア別シリーズは,「リスニング」「文法・語彙」「リーディング」の3分野から,目標スコアに必要なルールを厳選して収録。

全ルールの一覧は,巻末をご覧ください ▶

監修者・著者紹介

【監修者】

松本 茂（まつもと しげる）
立教大学教授（国際経営学科BBLプログラム・ディレクター）。青山学院大学卒業、マサチューセッツ大学大学院修士課程修了、九州大学大学院博士課程単位修得。NHKテレビ英会話講師、日本コミュニケーション学会理事、日本ディベート協会専務理事なども務めている。著作には『速読速聴・英単語』（Z会）、『頭を鍛えるディベート入門』（講談社）、『英会話 本当にほしかった表現1000』（講談社インターナショナル）などがある。

【著者】

中田 達也（なかた たつや）
立教大学卒業、東京大学大学院修士課程修了（言語情報科学専攻）。現在、同大学院博士課程に在籍。武蔵野大学非常勤講師。All About「TOEIC・英語検定」ガイド（http://allabout.co.jp/study/toeic/）。著作には『わんたん1から覚える英単語集』（共著・学研）、『TOEFL®TESTによく出る英単語2500』（共著・明日香出版）、『語源とイラストで一気に覚える英単語』（監修・明日香出版）などがある。（翻訳協力：坂田直樹）。

小坂 貴志（こさか たかし）
立教大学経営学部特任准教授（コミュニケーション学）。青山学院大学卒業、デンバー大学大学院修士課程修了、同大学院博士課程単位修得満期退学。著作には『ビジネスで使える英語一分間スピーチ』（研究社）、『理系のためのTOEIC学習法』（講談社）、『アメリカの小学校教科書で英語を学ぶ』（ベレ出版・共著）などがある。（翻訳協力：大嶋有里恵、菅梨衣、北尾真弓、古賀朋子、斎藤愛、松尾さおり）。

新TOEIC®テスト大戦略シリーズ

正解の読み方がわかる

新TOEIC®テスト リーディング問題 ルール14

松本 茂 監修
中田達也
小坂貴志
ブライアン 岸 共著

TOEIC is a registered trademark of Educational Testing Service (ETS).
This publication is not endorsed or approved by ETS.

Obunsha

はしがき

　本書は TOEIC で高得点（730 〜 900 点）獲得をめざす学習者のうち，とくに「リーディング」(Part 7) を重点的に強化したいという方を対象に刊行されました。同シリーズのスコア別（『730 点突破のルール 20』，『900 点獲得のルール 20』）が「短期間で目標スコアを目指すシリーズ」であるのに対し，この分野別は「スピーディーに苦手分野を克服するシリーズ」です。ただし，高得点を獲得するために，戦略・知識・練習が必要なことは，スコア別の 2 冊と基本的には同じです。

　　戦　略　問題を作成する人の意図を読み取る戦略が必要です。そのために，本書では，リーディングのルールを用意しました。リーディングの出題傾向を徹底分析し，TOEIC で高得点を取る人は，どのようなルールに照らし合わせて正答を選択するのかがわかるように解説しました。

　　知　識　本書では，類書にあるような「なぜこれが正解なのか」という後付けの解説（知識）ではなく，リーディングで高得点獲得を目指すのに役立つ知識だけを注入することに焦点をしぼりました。よって，TOEIC で高得点を獲得するのに役立ちます。

　　練　習　実際の TOEIC と酷似している問題で，なおかつ自分が誤答してしまいがちな問題を数多くこなせば，おのずと点数アップにつながります。本書では，リーディングのルールを学習したうえで，数多くの練習問題に取り組めるようになっています。その練習問題は，実際の TOEIC テストにもっとも精通した，韓国・YBM/Si-sa の協力を得て，本物に一番近い問題を収録しました。

　なお，本書は TOEIC テストの変更に伴い，『TOEIC テストリーディング 読走（どくそう）のルール』（2004 年 10 月刊行）を大幅に改訂したものです。新テストでは，内容がよりビジネスの現場に即したものになっているほか，リスニングセクションでは 4 か国（アメリカ，イギリス，カナダ，オーストラリアまたはニュージーランド）のアクセントで放送文が読まれ，リーディングセクションでは英文が長文化されるなど，全体として難易度が上がった感があります。このようなテストの変更に合わせ，本書はより実践的で効率的な内容へと改訂されました。

　それでは，あせらず，あわてず，楽しく学習して，リーディング問題を攻略してください。

　　　　　　　　　　　　　　　　　　　　　　　　　　　監修者　松本　茂

もくじ

『新 TOEIC® テスト大戦略シリーズ』の特長と構成 ……………………………… 6
リーディング　ルール一覧 ……………………………………………………… 8
本書の使い方 ……………………………………………………………………… 9
TOEIC® Information …………………………………………………………… 10
PART 7 問題形式と攻略法 ……………………………………………………… 12

Chapter 1　リーディング問題ルール 14

SECTION 1

TOEIC リーディング攻略の大原則 ………………………………………… 18

- ルール 1　本文を読む前に概要を予測せよ！ ……………………………… 20
- ルール 2　スキャニングで正解を探せ！ …………………………………… 39
- ルール 3　スキミングで正解を探せ！ ……………………………………… 45
- ルール 4　本文で述べられていない情報を推測せよ！ …………………… 52
- ルール 5　選択肢を慎重かつ効率的に検討せよ！ ………………………… 56
- ルール 6　パラフレーズを見逃すな！ ……………………………………… 63
- ルール 7　時間配分に注意せよ！ …………………………………………… 73

Practice Test …………………………………………………………………… 83

SECTION 2

基礎的な英語能力の底上げを目指す ……………………………………… 112

- ルール 8　ポイントとなる文法事項を押さえよ！ ………………………… 113
- ルール 9　単語の知識を活用せよ！ ………………………………………… 122
- ルール 10　つなぎ言葉に注目せよ！ ……………………………………… 132

Practice Test …………………………………………………………………… 138

SECTION 3

さらなるハイスコアを目指す発展テクニック …………………………………… 150
ルール 11 Double Passage 問題では，2つの文書の関係を把握せよ！ ……… 151
ルール 12 Double Passage 問題では，正解にかかわる文書を判断せよ！ ……158
ルール 13 ひっかけ問題に注意せよ！ ………………………………………… 168
ルール 14 質問文と選択肢の否定語に注意せよ！ …………………………… 173
Practice Test ………………………………………………………………………… 178

Chapter 2　模擬テスト

問題 ……………………………………………………………………………… 212
解答・解説 ……………………………………………………………………… 239

編集：高杉健太郎，宗藤尚子　編集協力：株式会社 オリーブカンパニー，本多美佐保
装丁デザイン：株式会社 ロア・アドバタイジング　本文レイアウト：三浦悟（Trap）

『新TOEIC®テスト大戦略シリーズ』の特長と構成

　本シリーズは，スコア別シリーズ 2 点，分野別シリーズ 4 点の計 6 冊からなり，スコアアップと弱点克服の両面からアプローチできる，総合的な TOEIC テスト対策のためのシリーズです。

『新TOEIC®テスト大戦略シリーズ』3大特長

①ハイスコア獲得のために厳選した 42 のルール！

　各分野ごとに出題傾向を徹底分析し，730 点〜900 点を目指す人のために必要な解法のルールを，「リスニング」「文法・語彙」「リーディング」の各分野でそれぞれ 14，合計 42 項目にまとめました。

②ルールを完全にマスターするための豊富な問題！

　ルール解説の後は，Practice Test，模擬テストで本番形式の問題を徹底的に演習します。

③問題はすべて本番のTOEICテストに近い問題を輸入！

　TOEIC の研究において世界で最も信頼されている，韓国の YBM/Si-sa が作成した問題を使用しています。

『新TOEIC®テスト大戦略シリーズ』の構成

　本シリーズは大きく 2 つの系統からなっています。

■ 短期間で目標スコア到達を目指すスコア別シリーズ

「はじめてでも越えられる 新TOEIC®テスト 730 点突破のルール 20」
「確実に手に入れる 新TOEIC®テスト 900 点獲得のルール 20」

■ スピーディーに苦手分野を克服する分野別シリーズ

「正解の聞き方がわかる 新TOEIC®テストリスニング問題ルール 14」
「正解の選び方がわかる 新TOEIC®テスト文法・語彙問題ルール 14」
「正解の読み方がわかる 新TOEIC®テストリーディング問題ルール 14」
「スコアアップにつながる3000語 新TOEIC®テストパート別英単語スピード攻略」

『新TOEIC®テスト大戦略シリーズ』の対象レベル

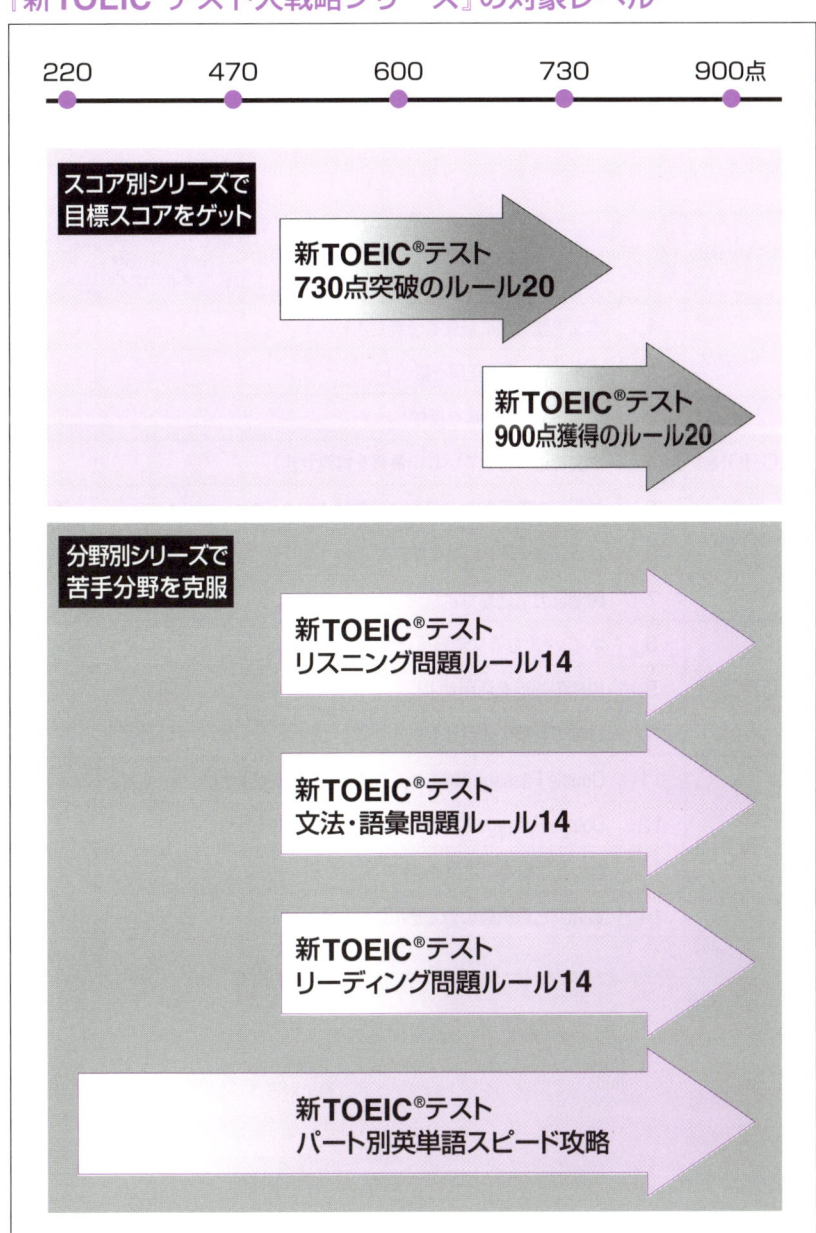

リーディング　ルール一覧

　この本に収録されているすべてのルールを一覧表にまとめました。下の表の右欄にある ○ 印は，この本と同じシリーズの『新 TOEIC® テスト 730 点突破のルール 20』,『新 TOEIC® テスト 900 点獲得のルール 20』にも収録されていることを意味しています。学習の参考にしてください。

SECTION	ルール番号	ルール名	730点突破のルール20	900点獲得のルール20
SECTION 1	1	本文を読む前に概要を予測せよ！	○	
	2	スキャニングで正解を探せ！	○	
	3	スキミングで正解を探せ！		
	4	本文で述べられていない情報を推測せよ！		
	5	選択肢を効率的かつ慎重に検討せよ！		○
	6	パラフレーズを見逃すな！	○	○
	7	時間配分に注意せよ！	○	○
SECTION 2	8	ポイントとなる文法事項を押さえよ！		
	9	単語の知識を活用せよ！		○
	10	つなぎ言葉に注目せよ！		
SECTION 3	11	Double Passage 問題では，2つの文書の関係を把握せよ！	○	○
	12	Double Passage 問題では，正解にかかわる文書を判断せよ！		○
	13	ひっかけ問題に注意せよ！		○
	14	質問文と選択肢の否定語に注意せよ！		○

本書の使い方

この本は，以下の要素で構成されています。

■14のルール

この本には，リーディングパートを効率よく，かつ正確に解くための14のルールが収録されています。TOEICで高いスコアを獲得するには英語力そのものを向上させることが重要なのは言うまでもないことですが，加えて，これらのルールを知っていれば，さらなるスコアアップが望めます。ルールが身についたかどうかを確認する例題もしっかりとやりましょう。

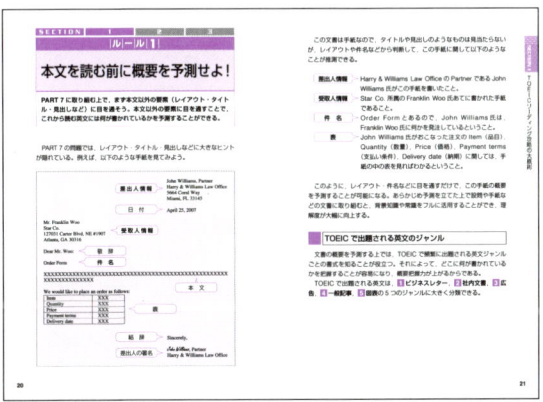

■Practice Test

各SECTIONに関連するルールを習得したら，後は本番に近い問題をいかに多く解くかがスコアアップの鍵を握ります。問題の後に文書と設問の訳と詳しい解説が収録されていますので，解答の確認だけでなく，間違えた問題はとくに解説をしっかりと読みましょう。また，問題ごとにレベル表示（730点レベルには 730 ，900点レベルには 900 ）をつけましたので，学習の参考にしてください。

■模擬テスト

すべてのルールを習得し，Practice Testで練習を積んだら，仕上げに模擬テストをやってみましょう。問題の形式やレベルは本番に限りなく近いものを用意してありますので，本番の試験だと思ってトライしてみましょう。巻末にある解答用紙もぜひ活用してください。

TOEIC® Information

■ TOEIC とは？

　TOEIC（Test of English for International Communication）とは，英語によるコミュニケーション能力を測定する世界共通のテストです。このテストは，アメリカにある非営利のテスト開発機関である ETS（Educational Testing Service）によって開発・制作されています。現在では世界約 60 か国，年間約 450 万人が受験する規模になっています。

■ TOEIC の構成

　TOEIC は以下のように，Listening と Reading の 2 つのセクションで構成されています。2 時間で 200 問に解答し，途中の休憩はありません。解答はすべて解答用紙にマークする方式です。

Listening：約45分・100問

Part 1	写真描写問題	10問
Part 2	応答問題	30問
Part 3	会話問題	30問
Part 4	説明文問題	30問

Reading：75分・100問

Part 5	短文穴埋め問題	40問
Part 6	長文穴埋め問題	12問
Part 7	読解問題	
	1つの文書	28問
	2つの文書	20問

■ TOEIC のスコア

　受験者には試験終了後 30 日以内に Official Score Certificate（公式認定証）が送付されます。それには Listening ・ Reading それぞれのスコア（5 〜 495 点）と 2 つを合計したスコア（10 〜 990 点）が表示されます。

■ 実施スケジュール

　公開試験は，原則として年 8 回（1 月，3 月，5 月，6 月，7 月，9 月，10 月，11 月の日曜日）実施されています。ただし，受験地によって異なりますので，事前に確認が必要です。

■受験料
受験料は 2007 年 3 月現在, 6,615 円（消費税含む）です。

■受験申し込み
＊申込方法によって申込期間が異なりますので, 注意してください。

1 全国有名書店・大学生協
店頭で受験料を支払い, 必要事項を記入した受験申込書と領収書を添付の封筒に同封して TOEIC 運営委員会東京業務センターに送付します。受験申込書は店頭で入手可能です。

2 郵便局
TOEIC 運営委員会にはがき・FAX・ホームページで受験申込書を請求します。受験料を同封の郵便振替払込書で郵便局に払い込んだ後は 1 と同様です。

3 インターネット
ホームページアドレスは, http://www.toeic.or.jp/ です。受験料はクレジットカード（国内発行 VISA, Master, JCB, American Express, ダイナースクラブ）またはコンビニエンスストア店頭で支払います。

4 セブンイレブン店頭のマルチコピー機
店頭に設置されているマルチコピー機の「資格・検定」の画面から受験者本人が端末を操作し, ガイダンスに従って申込手続きをおこないます。受験料は印刷された払込依頼票をレジに提出し, 支払います。

問い合わせ先

財団法人 国際ビジネスコミュニケーション協会
TOEIC 運営委員会東京業務センター
〒 100-0014 東京都千代田区永田町 2-14-2　山王グランドビル
電話 ： 03-3581-4701（土・日・祝日を除く 10:00 〜 17:00）
FAX ： 03-3581-4783

TOEIC 公式ホームページ
http://www.toeic.or.jp/

Part 7
問題形式と攻略法

■問題形式と攻略法

Part 7 では，いわゆる「長文読解問題」といわれるタイプの問題が出題される。受験者はビジネスレター，社内文書，広告，一般記事などの英文を読み，英文に関する設問（4択）に答える。出題される問題には，single passage 問題と double passage 問題の2種類がある。

Part 7 で高得点を取るためのポイントは，<u>(1) スキャニングやスキミングといった読解テクニックをマスターすること</u>，<u>(2) 効率的なタイム・マネジメントをおこなうこと</u>，<u>(3) 出題パターンの癖を見抜き，こつをつかむこと</u>である。詳しくは本書のP.18～で学習しよう。

■指示文と訳

問題冊子には以下のような指示文が掲載されている。

PART 7

Directions: In this part you will read a selection of texts, such as magazine and newspaper articles, letters, and advertisements. Each text is followed by several questions. Select the best answer for each question and mark the letter (A), (B), (C), or (D) on your answer sheet.

PART 7

指示文：このパートでは雑誌や新聞の記事，手紙，広告のようなさまざまな文書を読む。それぞれの文書にはいくつかの設問がついている。それぞれの設問に最適な答えを選び，(A)，(B)，(C) または (D) の記号を答案用紙上にマークせよ。

■ single passage 問題について

single passage 問題は，1つの文書につき2〜4問程度の設問がある。出題される文書の数は9つ程度で，合計で28の設問が出題される。

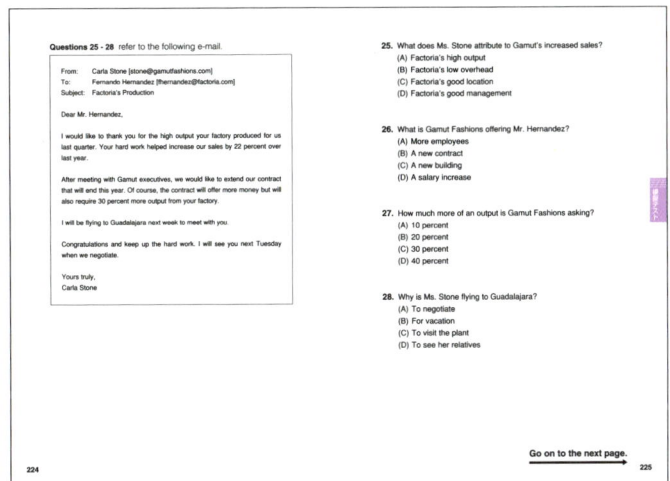

■ double passage 問題について

double passage 問題では，関連のある2つの文書がペアで出題され，受験者は2つの文書を同時に処理することが求められる。文書は毎回4セット（合計で8つの文書）が出題され，1セットにつき5問ずつ，合計で20の設問がある。

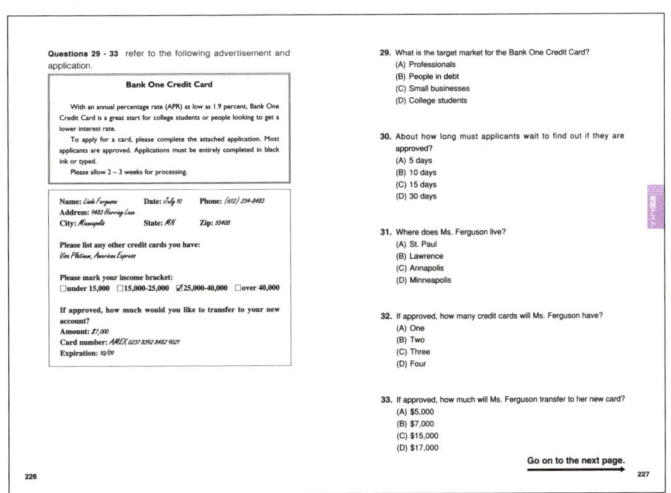

Chapter 1
リーディング問題ルール14

SECTION 1 　 18
SECTION 2 　 112
SECTION 3 　 150

SECTION 1

TOEIC リーディング攻略の大原則

ルール1〜7	20
Practice Test SECTION 1	83

SECTION 1 ▶▶▶▶▶▶▶▶▶▶▶▶▶▶▶ ルール1～7

TOEICリーディング攻略の大原則

　セクション1では，PART 7を解く上で基本として押さえておくべき，「TOEICリーディング攻略の大原則」を紹介する。ここで取り上げるルールは，PART 7のほぼすべての問題に関係する重要度が高いものである。必ず押さえておこう。

　TOEICのPART 7を攻略する上では，以下の4つの順番で問題にアプローチすること。以下の4つは，single passage問題およびdouble passage問題のどちらにも有効である。

1 概要を予測

　本文以外の要素（レイアウト・タイトル・見出しなど）から，概要を予測することができるので，本文を読む前にそれらに目を通そう。

➡ ルール1 「本文を読む前に概要を予測せよ！」（→ P.20）

2 設問に目を通し，タイプ別にアプローチ

　概要を予測した後は，本文を読む前に設問に目を通そう。PART 7では正解が本文中に書かれていることがほとんどなので，本文より先に設問に目を通したほうが効率が良いからである。

　PART 7の設問は，以下の3つのいずれかのタイプに分類されるものがほとんどである。どのタイプなのかをしっかり見極めよう。

> **タイプ1：文書に含まれた詳細な情報に関する設問**
> 　最も出題比率が大きいタイプである。文書からスキャニングをしてキーワードとキーフレーズを探し出すことで，解くことができる。
> ➡ ルール2 「スキャニングで正解を探せ！」（→ P.39）

タイプ 2：文書の全体的な内容に関する設問

　スキャニングでは正解は見つからないので，文書全体を読んで概要を把握する（スキミング）ことが必要。その後，選択肢の中から文書の内容を短くまとめたものを選べばよい。

➡ ルール3 「スキミングで正解を探せ！」（→ **P.45**）

タイプ 3：文書に書かれていないことを推測させる設問

　タイプ1の応用編である。パッセージの内容をもとに，本文に書かれていないことを推測する必要がある。

➡ ルール4 「本文で述べられていない情報を推測せよ！」（→ **P.52**）

3　選択肢を検討

　タイプ別に設問にアプローチした後は，設問の選択肢を検討していこう。まず文脈から外れた選択肢を除外すると，選択肢の検討をスムーズにおこなうことができる。

➡ ルール5 「選択肢を効率的かつ慎重に検討せよ！」（→ **P.56**）

　タイプ1～3のいずれの設問においても，本文中と同じ表現が選択肢で用いられていることはほとんどなく，何らかの形でパラフレーズ（言い換え）がされている。ゆえに，どのような設問であっても，選択肢を選ぶ際にはパラフレーズに注意することが重要である。

➡ ルール6 「パラフレーズを見逃すな！」（→ **P.63**）

4　時間配分

　PART 7 を攻略する上では，限られた時間の中で多くの問題をこなす必要がある。ゆえに，時間配分に注意することが必要である。PART 7 で効率的なタイム・マネジメントをおこなうための鉄則を紹介する。

➡ ルール7 「時間配分に注意せよ！」（→ **P.73**）

SECTION 1

ルール 1

本文を読む前に概要を予測せよ！

PART 7 に取り組む上で，まず本文以外の要素（レイアウト・タイトル・見出しなど）に目を通そう。本文以外の要素に目を通すことで，これから読む英文には何が書かれているかを予測することができる。

　PART 7 の問題では，レイアウト・タイトル・見出しなどに大きなヒントが隠れている。例えば，以下のような手紙を見てみよう。

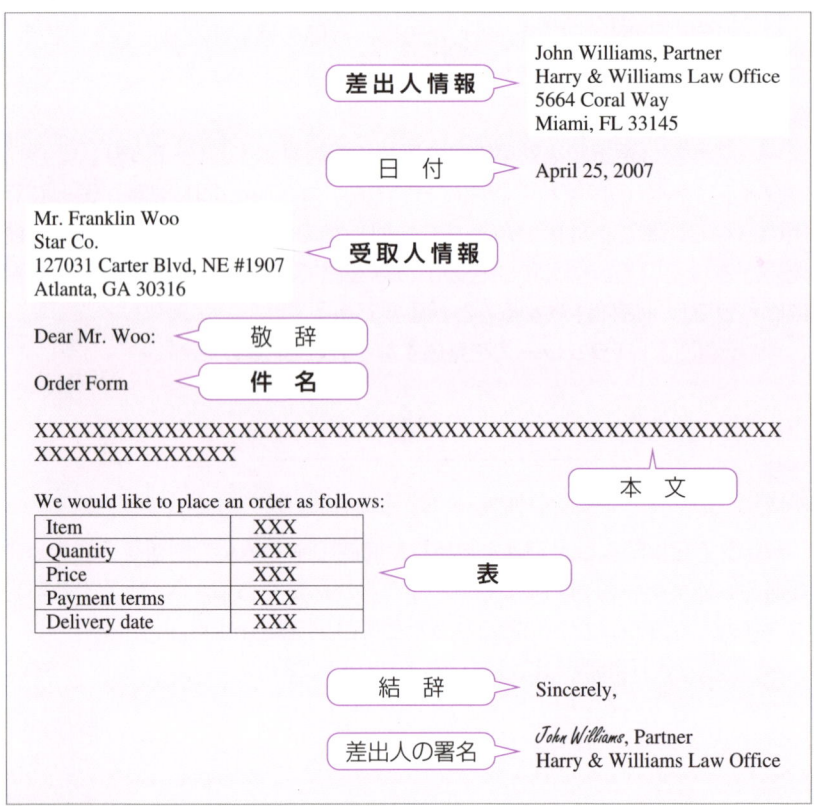

この文書は手紙なので，タイトルや見出しのようなものは見当たらないが，レイアウトや件名などから判断して，この手紙に関して以下のようなことが推測できる。

- **差出人情報** → Harry & Williams Law Office の Partner である John Williams 氏がこの手紙を書いたこと。
- **受取人情報** → Star Co. 所属の Franklin Woo 氏あてに書かれた手紙であること。
- **件　名** → Order Form とあるので，John Williams 氏は，Franklin Woo 氏に何かを発注しているということ。
- **表** → John Williams 氏がおこなった注文の Item（品目），Quantity（数量），Price（価格），Payment terms（支払い条件），Delivery date（納期）に関しては，手紙の中の表を見ればわかるということ。

　このように，レイアウト・件名などに目を通すだけで，この手紙の概要を予測することが可能になる。あらかじめ予測を立てた上で設問や手紙などの文書に取り組むと，背景知識や常識をフルに活用することができ，理解度が大幅に向上する。

TOEIC で出題される英文のジャンル

　文書の概要を予測する上では，TOEIC で頻繁に出題される英文ジャンルごとの書式を知ることが役立つ。それによって，どこに何が書かれているかを把握することが容易になり，概要把握力が上がるからである。

　TOEIC で出題される英文は，**1 ビジネスレター**，**2 社内文書**，**3 広告**，**4 一般記事**，**5 図表**の 5 つのジャンルに大きく分類できる。

5つのジャンルの見分け方

　PART 7 の文書が 5 つのジャンルのどれに該当するかを簡単に見分ける方法がある。それは，文書の上に書かれた指示文 (directions) を見ることである。PART 7 の文書には，それぞれ以下のような指示文がついている。

Questions 9 -10 refer to the following **advertisement**.
「設問 9 - 10 は以下の**広告**に関するものである」

　上の指示文を読めば，これから読む文書が広告であることがすぐに判断できる。指示文は目立たない位置にあるため，読み飛ばしてしまう受験者も多いかもしれない。しかしながら，この指示文の中に書かれた書式情報は見逃してはいけない。
　5 つのジャンルでは，それぞれ指示文に以下のような書式情報が入っていることが多い。

---

1 ビジネスレター……memo「メモ」, note「メモ」, announcement「告知」, document「書類」, information「案内文」, notice「通知」, e-mail「eメール」, fax「ファックス」, letter「手紙」, message「伝言メモ」

2 社内文書………**1** と同じ。

3 広告……………advertisement「広告」, brochure「パンフレット」, catalog「カタログ」, warranty「保証書」

4 一般記事………article「記事」, magazine article「雑誌記事」, news article「ニュース記事」

5 図表……………chart「図」, graph「グラフ」, listing「目録」, schedule「日程表」, table「表」, form「記入用紙」, application form「申込用紙」, invitation「招待状」

1 ビジネスレターを攻略しよう

ジャンルの見分け方がわかったところで,それぞれの英文を読む際の注意点を見ていこう。まず,ビジネスレターを取り上げる。ビジネスレターは TOEIC で最も一般的なジャンルである。書式からビジネスレターであることが判断できた場合,以下のような手順で概要を把握しよう。

> 送信者と受信者の関係を,両者の社名・団体名・役職名などから読み取る

> Subject（件名）の欄を見て,
> 請求・納期・苦情などの具体的用件を把握する

> 第1文からレターの目的・趣意を確認する
> （ビジネスレターの場合,第1文で単刀直入に具体的な用件を述べることが多い）

最近の TOEIC では e メールが頻繁に出題されるようになったが,e メールの場合もほぼ同じ手順で概要を把握することができる。すなわち,From の欄から送信者を,To の欄から受信者を,Subject の欄から件名を把握することである。件名は Re: ～ と記されることもある。

■ビジネスレターの具体例
(a) 苦情・わび状

冒頭に以下のような表現があれば,苦情・わび状であることが予測できる。苦情に至るまでの経緯を追い,わび状であれば,今後の具体的対応についての情報を読み取るようにしよう。

> ・I am writing to complain about ～.
> ・I would like to make a complaint about ～.
> 「～について苦情を申し上げたい」
> ・We apologize for any inconvenience this may have caused you.
> 「ご迷惑をお掛けいたしましたことをおわび申し上げます」

(b) 請求・督促状

冒頭に以下のような表現があれば，請求・督促状である。未払いの状況・その金額・具体的な処理（補償など）をチェックしよう。

- We would like to remind you that your payment of $1,000 is now overdue.
- We have not received your payment for the balance of $1,000.
「1,000 ドルの支払いが未払いとなっております」

(c) 異動・引き継ぎ・退社

以下のような表現があれば，異動・引き継ぎ・退社がテーマである。異動の説明・新しい業務・後継者・退社の理由などを読み取ろう。

- I would like to inform you that I will be transferred to ～.
「～に異動することになりました」
- Mr. Thomas will be succeeding me as ～.
「～としてトーマス氏が私の後任となります」

2 社内文書を攻略しよう

TOEIC では，社内文書も出題されることが多い。社内文書はビジネスレターほど形式的なものではないという相違点はあるものの，ビジネスレターとほぼ同じ要領で概要を把握することができる。具体的には，以下のような手順で問題にアプローチしよう。

From の欄を見て，役職名から送信者がどのような立場の人かを見極める

To の欄から受信者を特定し，さらに Subject の欄からトピックを把握する

冒頭の数行を精読し，文書の通知内容・要求などを読み取る

■社内文書の具体例

(a) 社内規則の変更・周知徹底,スケジュール変更・注意点

　以下のような表現があれば,社内規則の変更・周知徹底,スケジュール変更・注意点に関するものであることが予測できる。規則の何が(対象),いつから(発効時期),どのように変わったのか(変更内容),誰にあてて書かれたものか(通知対象者)をチェックしよう。

- This is to remind you that ＋ (SV).
  「この文書の趣旨は S が V であるということを思い起こしていただくためのものです」
- We want to bring your attention to some of the changes that…
  「ご注意願いたい変更点がいくつかあります」

(b) 電話のメモ

　以下のような表現が冒頭部に含まれていれば,電話連絡に関するメモであることが想像できる。設問では,いつ,誰から誰への伝言か,用件は何か,折り返し電話をする必要があるか,などが問われる可能性が高い。

- while you were out 「留守中に」
- Mr. Brennan called to say that ＋ (SV).
  「ブレナン氏から電話があり,S が V だとのことです」
- Message taken by Brenda Jackson.「ブレンダ・ジャクソンが用件を承りました」
- Operator ／ Brenda Jackson 「ブレンダ・ジャクソンが用件を承りました」

(c) 人事に関する通知

　人事に関する通知では,勤務先,前任者の実績,新任者の経歴・人物像,退職者のあいさつなどが書かれていると想像できる。

- We are pleased to announce that Mr. King has been appointed as ～ to succeed Mr. Stuart.
  「新たにスチュアート氏の後任としてキング氏が～に任命されましたことを謹んでお知らせ申し上げます」
- I have been assigned to the head office in New York.
  「ニューヨーク本社に転勤となりました」
- I accepted the offer for the position of ～.
  「～への就任の要請をお受けいたしました」

3 広告を攻略しよう

　TOEICでは新製品などに関する広告も頻繁に出題される。商品やサービスに関する一覧表などが掲載されていれば，その文書は広告である。広告の場合は消費者の気を引くためのキャッチコピーが冒頭部に書かれていることも多い。具体的には以下の手順で問題にアプローチしよう。

> 広告の冒頭または末尾を見て，商品やサービスの提供元を確認する。社名などから広告されている商品やサービスを予測する

> イラスト，表や見出しを参考に，どのような商品やサービスが広告されているかを把握する

■広告の具体例
(a) 商品

　以下のような表現が含まれていれば，その文書は特定の商品に関する広告であると予測できる。

- distributed in more than ～ countries worldwide
  「世界中の～以上の国で流通しています」
- Save 8 % off the news-stand price.
  「店頭価格より 8 パーセントお得です」
- Rates are subject to change without prior notice.
  「料金は予告なしに変更されることがあります」
- For further information, please call our nearest customer service office.
  「詳細につきましては，お近くのお客さまサービスセンターにお電話ください」

(b) サービス

以下のような表現が含まれていれば，その文書はあるサービスに関する広告であると考えられる。従来のサービス，他社のサービスとくらべて，どこが優れているのかというセールスポイント・効果などが設問で問われる可能性が高い。

- We have years of experience to help you 〜.
  「〜なさるときに，わが社の長年の経験が役立ちます」
- Are you sure your 〜 is the best choice?
  「〜が最善の選択だと本当にお思いですか」

(c) 求人広告

以下のような表現が含まれていれば，その文書は求人広告である。募集職種・業務内容・労働条件・採用条件・応募方法などについて確認しよう。社員募集では学歴や外国語能力の有無が採用条件の1つになっている場合が多い。

- The job position is for 〜.
  「〜の人材を募集中です」
- The ideal candidate will have 〜.
  「〜の条件を満たす人材を募集しています」

一般記事を攻略しよう

「一般記事」とは，新聞・雑誌記事 (newspaper / magazine article) や，そのほかのニュース記事 (news article) のことである。TOEIC ではビジネス・金融に関する記事がよく出題される。一般記事は以下の手順で問題にアプローチしよう。

> タイトルからトピックを推測
> ⬇
> 第1文を読み，トピックを把握。一般記事の場合，まず冒頭でニュースの概要が述べられ，後半に進むに従って，より詳細な情報が書かれていることが多い

■一般記事の具体例
(a) ビジネス記事
【合併】
合併予定の企業名（複数），新会社の名称，合併に至る経緯，今後の事業展開などの情報が設問に絡んでくることが多い。

【人事】
新役員の名前・職務経歴・経営方針などに関する情報に注意。

【事業方針の部分的な変更】
変更の理由とその具体的な変更点を読み取る。

(b) 金融関係の記事
株式市場・企業業績・景気・住宅販売戸数などの動向について，求められている情報を読み取る。市場調査などの統計データが援用されることが多いので，数字に注意。

5 図表を攻略しよう

グラフや表などを含む図表の問題も出題されることがある。図表の問題は，以下の手順で攻略しよう。

```
タイトルから図表の内容に目星をつける
    ↓
グラフや表の見出し・項目・凡例をもとに
グラフや表が示していることを予測する
```

図表の問題の場合は，本文を詳細に読み込まなくても，図表の内容を正確に読み取りさえすれば設問に答えられることが多い。ゆえに，タイトルや見出しから概要を予測することは，図表の問題ではとくに重要である。

■図表の具体例
(a) 営業日・営業時間の告知
【スーパー，デパートなど】
曜日別開店時間帯，セールの日程や場所

【図書館など】
開閉館時刻・特別休館日・夏期などの変則的スケジュール

(b) スケジュール表
展示会・見本市などが開催される日程や回数，時間，場所

(c) 統計資料
「最大と最小」「増加と減少」などの動き

例題 発信者と件名に注意しよう

The question refers to the following memorandum.

MEMORANDUM

To: All staff
From: Jack Franklin
Date: September 5
Re: Parking

As you know, construction on the new storage facility will begin October 1. This is to remind you that we will be unable to use the parking lot during construction, as it will be used as a staging area for the construction crews. Anyone who drives to work will have to make alternate parking plans for the duration.

There is a limited number of on-street parking spaces in the area, so you may want to arrive early to get one, or use the municipal lot next to the downtown post office. We are planning to run morning and evening shuttle buses between the office and downtown.

I apologize for the inconvenience this may cause some of you, but when the dust settles we will have not only a new storage facility, but a larger, brightly lit parking area and individually assigned spaces.

Q. What suggestions does Mr. Franklin make?
(A) That employees park downtown.
(B) That employees carpool more often.
(C) That employees use public transportation to get to work.
(D) That employees avoid driving downtown during the construction period.

【語句・用語】**storage facility** 資材倉庫／**staging area** 作業場／**for the duration**（工事）期間中／**on-street parking space** 路上駐車スペース／**municipal lot** 市営駐車場／**individually assigned** 個人に割り当てられた

■読解のポイント

文書を読む前に，まずレイアウトを確認しよう。指示文には，…memorandum. とある。To: All staff, From: Jack Franklin, Re: Parking から，Franklin 氏が従業員あてに出した駐車に関する社内文書であることが推測できる。

本文第 1 段落の This is to remind you… は社内文書に見られる典型的な表現である。

質問文の Mr. Franklin は発信者のことである。本文の中から提案に該当する個所を拾っていくと，第 2 段落に従業員の駐車に関する提案が書かれていることがわかる。

正解 (A)

訳 設問は次のメモに関するものです。

連絡メモ

受取人：全従業員
差出人：ジャック・フランクリン
日　付：9月5日
件　名：駐車

　ご存じのとおり，新たな資材倉庫の工事が 10 月 1 日に開始されます。この間駐車場は工事関係者の作業場として使用されるため，使用不可能となりますことをお知らせいたします。車で通勤している方は工事期間中，別の駐車場を使用してください。

　この地域の路上駐車スペースは限られているため，早めに出勤して場所を確保するか，ダウンタウンの郵便局隣りの市営駐車場を使うことになります。朝夕にオフィスとダウンタウンを結ぶシャトルバスを運行する予定です。

　何かとご不便をおかけいたしますが，工事が終了すれば，新たな資材倉庫だけではなく，利用者ごとに割り当てられた大きく明るい駐車スペースができます。

Q. フランクリン氏のおこなっている提言はどれか。
(A) 従業員はダウンタウンに駐車すべきである。
(B) 従業員はもっと相乗りをおこなうべきである。
(C) 従業員は，通勤時に公共の乗物を利用すべきである。
(D) 工事期間中，従業員はダウンタウンへの車の乗り入れを避けるべきである。

例題 広告対象を読み取ろう

The question refers to the following advertisement.

ASTHMA RESEARCH STUDY

Volunteer Patients Needed

 Arthur Stemple, M.D. is conducting a clinical trial of a medication for asthma symptoms. This research is sponsored by a major pharmaceutical company. Qualified participants receive free study-related examinations and treatment. A stipend is available to help with travel and time expenses.

REQUIREMENTS:
* Age twelve or older
* Diagnosed with asthma for at least 6 months
* Currently using a steroid inhaler
* Not taking any other medication

For further information, please contact: (212) 920-0990
 New York Asthma Center

Q. According to the advertisement, what is required of participants?
 (A) They must live in the New York area.
 (B) They must be at least sixteen years of age.
 (C) They must participate in the study for eight weeks.
 (D) They must have had asthma for at least six months.

【語句・用語】**asthma** ぜんそく／**M.D.**（= Doctor of Medicine）医学博士／**clinical trial** 臨床試験／**medication for asthma symptoms** ぜんそく治療薬／**pharmaceutical company** 製薬会社／**stipend** 手当／**(be) diagnosed with～**（=(be) diagnosed as ～）～と診断される／**steroid inhaler** ステロイド吸入器

■読解のポイント

指示文からこの文書は広告であることがわかる。広告では情報が読者に伝わりやすいように，見出しによって情報が整理されていることが多い。広告内の見出しに注目しながら読んでみよう。

質問文は「参加者の要件は何か」というものである。広告内を探してみると，REQUIREMENTS「応募要件」という見出しが見つかるので，ここに参加者の要件が書いてあると推測できる。REQUIREMENTSの内容を選択肢と一つ一つ照らし合わせてみよう。(D) は (Having been) Diagnosed with asthma for at least 6 months という本文の言い換えである。

正解 **(D)**

訳 設問は次の広告に関するものです。

ぜんそく調査研究

ボランティア患者募集

　アーサー・ステンプル医学博士が，ぜんそく治療薬の臨床試験をおこなっております。大手製薬会社がこの研究のスポンサーです。要件を満たす参加者は治験に関連する検査や治療を無料で受けることができます。かかった交通費や時間に対する補助として手当が支払われます。

応募要件：
＊12歳以上
＊ぜんそくと診断されてから少なくとも6か月以上経過していること
＊現在ステロイド吸入器を使用していること
＊ほかの医薬品を服用していないこと
　詳細については，ニューヨークぜんそくセンター（212）920-0990 にお問い合わせください。

Q. 広告によると，参加者の要件は何か。

(A) ニューヨーク地区に住んでいること。
(B) 少なくとも 16 歳に達していること。
(C) 8 週間，治験に参加しなければならないこと。
(D) ぜんそくを少なくとも 6 か月以上患っていること。

例題 図表データを読み取ろう

The question refers to the following graph.

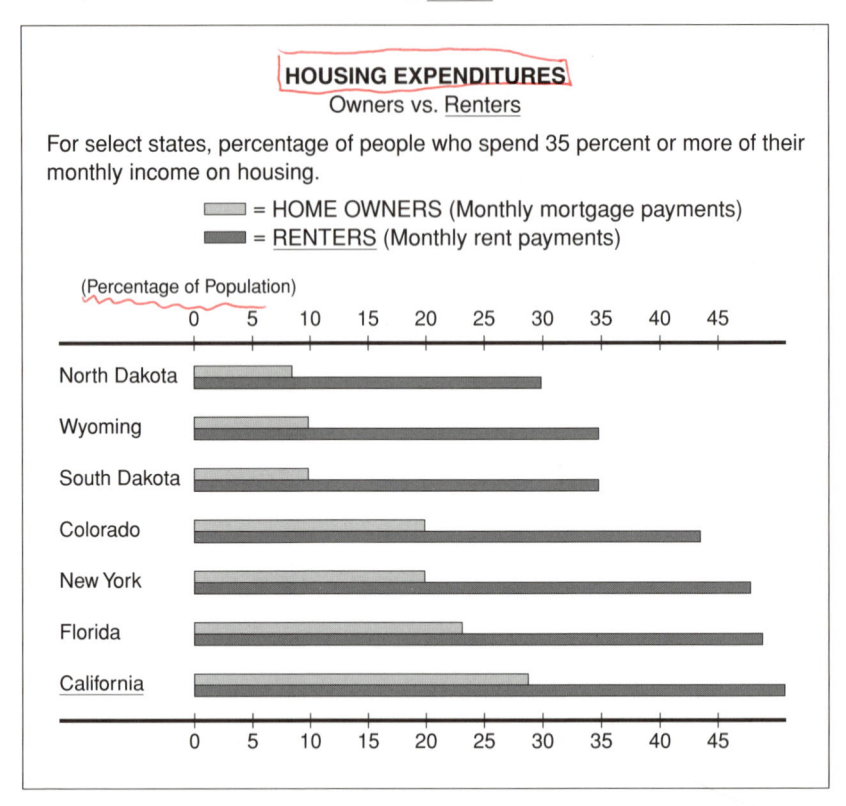

HOUSING EXPENDITURES
Owners vs. Renters

For select states, percentage of people who spend 35 percent or more of their monthly income on housing.

▭ = HOME OWNERS (Monthly mortgage payments)
▬ = RENTERS (Monthly rent payments)

(Percentage of Population)

State	Home Owners	Renters
North Dakota	8	30
Wyoming	10	35
South Dakota	10	35
Colorado	20	43
New York	20	47
Florida	23	48
California	29	49

Q. Of the following states, which has the greatest percentage of people paying at least 35% of their monthly income for rent?
(A) North Dakota
(B) South Dakota
(C) Florida
(D) California

【語句・用語】**housing expenditure** 住宅経費／**vs.** 対（versus の略）／**renter** 賃借者／**select state** 特定の州／**monthly income** 月収／**mortgage** 住宅ローン／**rent** 賃貸料／**percentage of population** 人口に占める割合

■読解のポイント

タイトルから住宅経費に関するグラフだとすぐわかる。タイトル2行目の Owners vs. Renters，凡例の RENTERS，質問文末尾の …for rent? などから，グラフの濃い方の帯に注目すればよいと判断できる。家賃の割合が最大のパーセンテージを示しているのはカリフォルニア州である。図表の問題の中には，この問題のように文章をほとんど読まずに正解にたどり着けるものが多い。図表の目的・見出しをきちんと理解することがポイントである。

正解 (D)

訳 設問は次のグラフに関するものです。

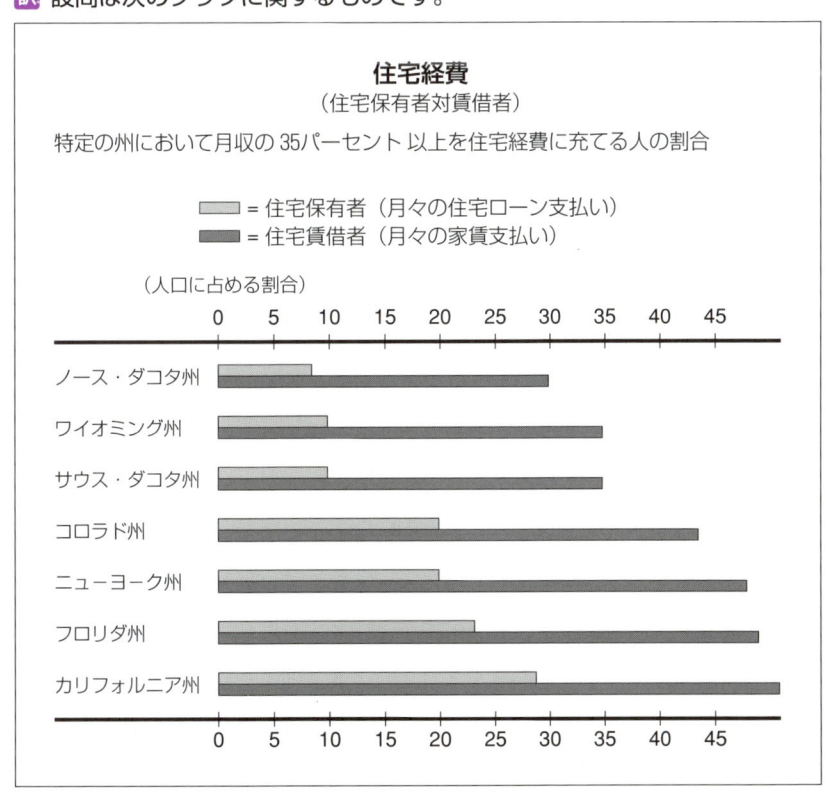

住宅経費
（住宅保有者対賃借者）

特定の州において月収の35パーセント以上を住宅経費に充てる人の割合

- ▨ = 住宅保有者（月々の住宅ローン支払い）
- ■ = 住宅賃借者（月々の家賃支払い）

（人口に占める割合）

州	住宅保有者	住宅賃借者
ノース・ダコタ州	8	30
ワイオミング州	10	35
サウス・ダコタ州	10	35
コロラド州	20	43
ニューヨーク州	20	47
フロリダ州	23	48
カリフォルニア州	28	49

Q. 月収の少なくとも 35 パーセント以上を家賃の支払いに充てる人の割合が最も大きいのは，次の中のどの州か。

(A) ノース・ダコタ州
(B) サウス・ダコタ州
(C) フロリダ州
(D) カリフォルニア州

SECTION　　1　　2　　3

ルール 2

スキャニングで正解を探せ！

TOEICで大半を占める タイプ1の設問，すなわち文書に含まれた詳細な情報に関する設問を攻略する上では，「スキャニング」(scanning)というテクニックが有効である。

■ スキャニングで効率良く正解にたどり着こう

　<u>スキャニングとは，自分の求めている情報に関係のありそうな部分を文書から探し出し，該当箇所のみをピンポイントで読んでいく「探し読み」のこと</u>である。

　タイプ1の設問では，正解に関連する情報が文書のどこかに含まれている。ゆえに，スキャニングをうまくおこなうことさえできれば，正解に効率良くたどり着くことができる。タイプ1の設問の攻略に不可欠なスキャニングのテクニックを，ぜひマスターしておこう。

■ スキャニングの4つのステップ

　それでは，どのようにすれば効率的なスキャニングをおこなうことができるのだろうか？　スキャニングをおこなうためには，以下の4つのステップの順に問題にアプローチしよう。

STEP 1 設問で問われている内容を把握する

　スキャニングのステップ1は，設問をじっくり読み，設問で問われている内容を的確に把握することである。PART 7では，設問の対象となるものにはいくつかの決まったパターンがある。例えば，次ページのようなものが挙げられる。

- **広告**…商品の機能・価格・発売時期・購入できる場所など
- **求人広告**…募集職種・職務内容・応募資格・応募方法・待遇・連絡先など
- **メール，社内文書，ビジネスレター，通知**…差出人／受取人に関する情報・メッセージの用件など
- **公共施設，お店などの案内**…商品・サービスの詳細，価格，購入方法，営業時間など

⬇

STEP 2 レイアウトや見出しをヒントに正解を探す

　ステップ1で設問内容を把握した後は，文書から設問に該当する個所を探していく。文書をいきなり読み始めるのではなく，ここで再びレイアウトや見出しを確認しよう。TOEIC では文書をきちんと読み込まなくても，レイアウトや見出しをヒントにして，正解にかかわる情報が見つかる場合があるからだ。例えば，以下のような例が挙げられる。

レイアウトや見出しにヒントがある例
- ビジネスレターの差出人や受取人にかかわる情報を問う設問
  ⇒署名欄やあて先欄を見れば，差出人や受取人の勤務先・職種・役職名がわかり，正解が導き出せる可能性が高い。（レイアウトの活用）
- 商品やサービスの価格を問う設問
  ⇒本文中に表が含まれていれば，表の中に正解に関連する情報が書かれている可能性が高い。（レイアウトの活用）
- 求人広告の詳細を問う設問
  ⇒設問の内容に応じて，Job description「職務内容」, Qualifications「応募資格」, Salary「待遇」, Contact address「連絡先」といった見出しの個所を読めば，正解が導き出せる可能性が高い。（見出しの活用）

⬇

STEP 3 本文をスキャニングして正解を探す

　レイアウトや見出しから正解に該当する個所が見つからなければ，本文の冒頭から目を通していき，設問にかかわる情報が含まれている個所を見つけ出そう。場所に関する内容が問われているのであれば地名を，人物に関する内容が問われているのであれば人名を，価格に関する内容が問われているのであれば数字を本文から探し出そう。

ここで注意すべきなのは，本文に目を通す際には，内容を一字一句理解する必要はないということである。1行に目を通す時間は2～3秒に抑えるようなイメージで，内容理解ではなく，あくまでも設問に関連する情報を検索することに集中しよう。

スキャニングの例
- Miami 行きの飛行機のフライト・ナンバーを問う設問
  ⇒本文中から Miami をスキャニング
- Mr. Gomez の職業を問う設問
  ⇒本文中から Gomez をスキャニング
- 会議の開始時刻を問う設問
  ⇒本文中から数字や時を表す表現（例：Monday, January, tomorrow, afternoon）をスキャニング

⬇

STEP 4 本文でスキャニングした語句を選択肢と照合する

　ステップ2，3で正解に関連する個所が見つかったら，その内容を選択肢と照らし合わせ，選択肢の中から正解に最も近いと思われるものを選ぼう。ただし，選択肢では本文中と同じ表現が用いられていることはほとんどなく，何らかの形でパラフレーズ（言い換え）がされている。ゆえに，選択肢を選ぶ際にはパラフレーズに注意すること《ルール6》「パラフレーズを見逃すな！」。

リーディング攻略の鍵は「スキャニング」にあり

　スキャニングを活用することで，効率良く正解にたどり着くことができる。設問を読まずにいきなり冒頭から本文を読み始めると，読む必要のない英文を無駄に読み，結果的に時間が足りなくなってしまうことがあるので注意が必要だ。

　TOEIC リーディング攻略の鍵はスキャニングにあると言ってもよいくらい，スキャニングは重要なテクニックなのである。それでは，次ページの例題で早速スキャニングの練習をしてみよう。

例題 スキャニングの4つのステップを実践してみよう

The question refers to the following article.

Bell-Star Bids $300 Million for Omega

Local consumers will pay higher prices and about 500 workers will lose their jobs if a rumored Bell-Star purchase of Omega Communications proceeds, says a just-released report by Blank Research. Bell-Star is rumored to have made a $300 million bid for the BritCom-owned Omega Communications. This is well below BC's previously reported asking price of $450 million to $500 million.

The Finance Review reported on Thursday that Bell-Star was in a strong position to buy Omega after rival bidder, the US-based Borridge Partners, withdrew its $480 million bid.

The Blank Report predicts job cuts, a lessening of competitive pressures in the local telecom market and about $50 million in reduced losses for Bell-Star, if the deal goes through. Omega and Bell-Star have a combined workforce of about 2000. Twenty to thirty percent of these could be laid off by Bell-Star, said the report.

Both Bell-Star and Omega declined to comment on the deal.

Q. Who was the original bidder for Omega Communications?
   (A) Blank
   (B) Bell-Star
   (C) BritCom
   (D) Borridge Partners

【語句・用語】**bid**（入札で）（値）をつける，入札する／**rumored** うわさされている／**purchase** 購入（ここでは「買収」の意）／**proceed** 進展する／**BritCom-owned** ブリットコム社所有の／**well** かなり／**BC's** = **BritCom's**／**asking price** 希望価格／**rival bidder** 競合入札者／**withdraw** 〜を撤回する／**job cut** 人員削減／**lessening of competitive pressures** 競争圧力の低下／**telecom**（= **telecommunication**）遠距離電気通信／**go through** 成立する／**combined workforce** 両者合計の労働力（ここでは workforce は複数扱い）／**be laid off** レイオフ（一時解雇）される

■読解のポイント

スキャニングの 4 つのステップを念頭に，設問の解き方を考えよう。

STEP 1 オメガ社に対する the original bidder「買収に最初に名乗りを上げた者」が問われている。bidder / bid といった単語がキーワードになる。

STEP 2 レイアウトにはとくにヒントとなる個所はないが，Bell-Star Bids $300 Million for Omega という見出しから，ベルスター社がオメガ社に対して買収を仕掛けていることがわかる。しかし，ベルスター社が the original bidder であるかどうかはまだわからないため，ステップ 3 でさらに答えを検討する。

STEP 3 本文では，第 1 段落の第 2 文に Bell-Star is rumored to have made a $300 million bid for the BritCom-owned Omega Communications. という文があり，ベルスター社がオメガ社に対して買収を仕掛けていることが確認できた。しかし，ここにもベルスター社が the original bidder であるということは書かれていない。
本文のスキャニングをつづけると，第 2 段落に rival bidder「競合する買収者」という単語が見つかる。この前後を読んでみると，「ボリッジパートナーズ社がベルスター社よりも以前に買収提案をしていたが，その提案をすでに撤回した」ということがわかる。

STEP 4 ゆえに，(D) が正解である。Bell-Star という固有名詞が bid というキーワードとともに出てきたからといって，Bell-Star が正解であると早合点してしまわないように注意しよう。

正　解 **(D)**

訳 設問は次の記事に関するものです。

ベルスター社，オメガ社に3億ドルの値をつける

　ブランクリサーチ社がつい最近発表した報告によると，すでにうわさされているベルスター社によるオメガコミュニケーションズ社の買収話が進んだ場合，地元の消費者にとっては物価高になり，約500人の労働者が失業することになる。ベルスター社は，ブリットコム社所有のオメガコミュニケーションズ社に対し3億ドルの値をつけたと言われているが，これは当初伝えられたブリットコム社の希望価格4億5,000万ドルないし5億ドルという額をはるかに下回るものだ。

　木曜日の『ファイナンス・レビュー』紙によると，買収のライバルであったアメリカに拠点を置くグループのボリッジパートナーズ社が4億8,000万ドルの買収価格を撤回した後，ベルスター社はオメガ社買収において有利な立場となった。

　ブランク社の報告書は，この取引が成立した場合，雇用削減や地元の電気通信市場における競争圧力の低下，そしてベルスター社側の損失が，約5,000万ドル縮小することを予測している。オメガ社とベルスター社合わせて約2,000人の雇用を抱えるが，報告書ではベルスター社による20～30パーセントのレイオフの可能性が指摘されている。

　ベルスターとオメガ両社はこの取引についてコメントを控えた。

Q. オメガコミュニケーションズ社買収に最初に名乗りを上げたのはどこか。
(A) ブランク社
(B) ベルスター社
(C) ブリットコム社
(D) ボリッジパートナーズ社

SECTION 1 | 2 | 3

|ル|ー|ル|3|

スキミングで正解を探せ！

文書の全体的な内容を問うタイプ2の設問では，スキャニングでは正解は見つからない。代わりに，「スキミング」（skimming）というテクニックが有効である。

■ タイプ2の設問にはスキミングをしよう

　タイプ2の設問は，文書の全体的な内容に関するものである。タイプ1（文書に含まれた詳細な情報に関する設問）とは異なり，タイプ2では，文書の特定の個所に正解の手掛かりが書かれているわけではない。ゆえに，ルール2で述べたスキャニングでは正解は見つからない。代わりに，スキミング（skimming）というテクニックが役立つ。

　<u>スキミングとは，文書全体を流し読みし，大意把握を目指す速読テクニックのこと</u>である。文書の特定個所のみを読むスキャニングとは異なり，スキミングでは文書全体に軽く目を通し，概要を把握することを目指す。

■ 効率的なスキミングをおこなうための3つのステップ

　タイプ2の設問を効率良く解くためには，以下の3つのステップの順に問題にアプローチしよう。

STEP 1 設問がタイプ2に該当するかどうかを判断する

　タイプ2に分類される設問の例としては，次ページのようなものがある。

> What is the purpose of this letter? 「この手紙の目的は何か」
> What is being announced in this note? 「このメモが伝えていることは何か」
> Why was this notice written? 「この通知が書かれた理由は何か」
> What is learned about this letter? 「この手紙について何がわかるか」
> What is being advertised? 「何が広告されているか」

⬇

STEP 2 スキミングを開始する

　設問がタイプ2に分類されると判断したら，文書の冒頭から速読を開始し，スキミングをしていこう。

　スキミングをおこなう前に，もう一度文書のタイトルや見出しを確認し，概要を予測し直すとよい。タイトルや見出しに正解が直接書かれていることはめったにないが，概要把握の手助けとなるはずだ。

⬇

STEP 3 必要に応じて正解を判断。スキミングを中止する

　文書を3分の2程度読んで概要を把握できたら，一度選択肢に戻り，正解としてふさわしいものがあるかどうかを検討しよう。この時点で正解に確信が持てれば，スキミングはそこで中止してもよい。まだ解答に自信が持てない場合は，選択肢の内容を頭に入れながら，残りのスキミングを再開しよう。

Exercise　速読の練習をしよう！

　スキミングをおこなう際には，大量の英文を短時間に処理し，内容を素早く把握する必要がある。英語と日本語は語順が違うため，一つ一つ日本語に訳しながら読むと，どうしても時間がかかってしまう。効率良くスキミングをおこなうためには，「速読」のテクニックが不可欠なのである。

　速読のテクニックをマスターするためには，「英語の語順のまま理解する」練習が効果的である。具体的には，意味の区切りの個所にスラッシュ（／）を入れ，英文を小さな意味の固まりに分解する。そして，後戻りすることなく，頭から順番に解釈していこう。次ページの例を参照してほしい。

【例】

1. I wonder why no one has shown up yet at work this afternoon.
2. He considers himself to be a traditional politician.

　上の2つの例文の意味の区切りにスラッシュを入れ，小さな意味の固まりごとに解釈していく。

1. I wonder why ／ no one has shown up yet ／ at work ／ this afternoon.
   なぜだろう　　／まだ誰も来ていない　　　　／職場に　　／今日の午後は
2. He considers himself ／ to be a traditional politician.
   彼は自分自身を考えている ／昔かたぎの政治家であると

　意味を解釈する際には，後戻りはせず，できるだけ英文の流れのまま理解できるようにすること。あまり細かく区切りすぎると逆に解釈しづらくなるので注意したい。

練習

　下の英文の意味の区切りにスラッシュを入れて頭から読んでみよう。
　その後，英文の概要を簡単に述べてみよう。

　The past seven years / Ben has served as the Vice President for School Development at Freedom College, / where he achieved an outstanding record / in fund raising — including several major gifts of over $1 million. Ben received his MA degree from Bill Town College and his Bachelor of Arts in English-Education from John University. He and his wife, Joanne, will be moving here from Los Angels, CA.

【解答例】

The past seven years, ／ Ben has served ／ as the Vice President ／
過去7年にわたり　　　／ベンは勤めあげた　　／副部長として／

for School Development at Freedom College, ／ where he achieved an outstanding record ／
フリーダムカレッジ学校開発部の　　　　　　　／そこで彼は優秀な業績をおさめた／

in fund raising ／ — including several major gifts of over $1 million. ／
資金調達業務において／100万ドルを超える数回の高額寄付を含めて／

Ben received ／ his MA degree ／ from Bill Town College ／
ベンは授与された／修士号を　　　／ビルタウンカレッジから／
and his Bachelor of Arts ／
そして文学士号を／

in English-Education ／ from John University. ／ He and his wife, Joanne, ／
英語教育における　　　／ジョン大学から（授与された）／彼とジョアン夫人は／

will be moving here ／ from Los Angels, CA.
ここに引っ越してくるだろう／カリフォルニア州ロサンゼルスから

　訳がややおかしくなっても，語順どおりに解釈することで効率的な速読が可能になる。スラッシュの位置や数の正解は1つではない。スラッシュで区切るセグメント（分節）が大きくなり，より大きな固まりごとに読み取れるようになるにつれ，速読力がつくだろう。

例題 スキミングで正解を探そう

The question refers to the following notice.

Are You Missing Out on Timely and Useful Information?

Did you receive an e-mail notifying you that the Blackbird Lofts office had many leftover units of annual flowers after the last Blackbird Lofts flower give-away?

Members of the Blackbird Lofts announcement list benefited from this information and were able to pick up extra flats of flowers to add to their garden beds. Announcement list members are also notified about last-minute event cancellations, and much more.

To join the Blackbird Lofts Announcement List, send an e-mail to the Blackbird Lofts office at list@blackbirdlofts.com and request to be added to this list. If you join the announcement group and find you don't benefit from the information, simply ask to be removed from the list.

Q. Why was this notice written?

(A) To inform people of an upcoming event
(B) To announce the start of a new service
(C) To invite people to join a mailing list
(D) To attract more people to the Blackbird Lofts

【語句・用語】**notify** 知らせる，通知する／**leftover** 残りの，余りの／**annual** 年1回の，1年生の／**give-away** 無料サンプル，サービス品／**benefit from 〜** 〜から利益を得る／**flat** (苗木用の)浅い平箱／**last-minute** 土壇場の

■ 読解のポイント

STEP 1 質問文の形から，特定の情報ではなく，文書の全体的な内容を問うタイプ2の設問である。よって，スキャニングではなくスキミングで全体に軽く目を通し，概要を把握しよう。

STEP 2 文書の先頭から目を通していくと，第2段落にブラックバード・ロフト社のお知らせリストに加入することの利点が書かれている。また，第3段落にはお知らせリストへの加入方法が書かれているため，この文書の目的はメーリングリストへの参加を呼びかけることだと判断できる。

STEP 3 選択肢を検討すると (C) がこの通知が書かれた目的に合致する。

正解 **(C)**

訳 設問は次の通知に関するものです。

タイムリーで役立つ情報を逃していませんか？

　先日のブラックバード・ロフト社の花無料贈呈サービスの後，たくさんの1年草がブラックバード・ロフト社の事務所に残っていることをお知らせしたeメールは，お受け取りになりましたか。

　ブラックバード・ロフト社のお知らせリストのメンバーは，この情報を利用して追加の花箱を入手し，ご自身のお庭の花壇に加えることができました。お知らせリストのメンバーは，土壇場でのイベントの中止や，そのほか多くのことについても通知されます。

　ブラックバード・ロフト社のお知らせリストに参加するには，ブラックバード・ロフト社の事務所までeメールを送り（アドレス：list@blackbirdlofts.com），このリストへの加入をご依頼ください。もし，お知らせのグループに加入しても，情報が有用でないと感じた場合には，リストからの削除をお気軽にお申しつけください。

Q. なぜこの通知は書かれたか。

(A) 近くおこなわれるイベントについて，人々に知らせるため。
(B) 新しいサービスの開始を知らせるため。
(C) メーリングリストに参加するよう人々を勧誘するため。
(D) ブラックバード・ロフト社により多くの人を引きつけるため。

SECTION 1 2 3

|ル|ー|ル|4|
本文で述べられていない情報を推測せよ！

タイプ3の設問は，本文に書かれた事実関係・データなどをもとに，本文に書かれていない情報を推測させる設問である。

推測力を働かせて正解を見つけよう

　統計資料を含む図表問題や調査報告記事，日付や値段などを含むビジネスレターでは，本文に書かれていない情報を類推させる設問が含まれることがある。これらの設問は，タイプ1・タイプ2の設問とは異なるアプローチが求められる。タイプ3の設問を攻略するためのこつを押さえておこう。

推測するための3つのポイント

POINT 1 手掛かりとなる個所をスキャニングで探そう

　正解そのものが本文には直接述べられていないとしても，必ず本文のどこかに手掛かりがある。設問で問われている内容が直接関係するのは本文のどこか，まずその個所を特定しよう。その際には，タイプ1の設問を解く際と同様，スキャニングのテクニックが役立つ。
　具体的には，質問文からキーワードとなる語句を特定し，それが含まれた個所を本文からスキャニングしよう。該当個所をきちんと読み込めば，論理的に正解を導き出すことができるはずだ。

POINT 2 データの表している意味をしっかり理解しよう

　数値の表している意味をきちんと把握しよう。例えば，営業部の会議であれば，数字は前年同月比の売り上げなのか，四半期ベースの売り上げなのか，それとも販売目標額に対する見込みの数値なのかなどを正確に把握

する必要がある。

> **POINT 3** 本文の論理展開を読み取ろう

　賛成と反対，原因と結果，主張とそれを支える具体例，時の経過順の記述など，本文の論理的展開パターンをきちんと見極めよう。

例題　文書で述べられていない情報を推測しよう

The question refers to the following letter.

Dear Mr. Lee:

We are unable to process your visitor tax rebate application because you did not enclose documentation proving that the computer you purchased in New Zealand was taken out of the country. Proof of export is required for you to receive a sales tax rebate on high-value items (items with a value of $2,000 or more). We are enclosing a visitor tax rebate application form and the original receipt for the item. To re-apply for your sales tax rebate, please submit a completed application form, the original receipt, proof of export, and a copy of this letter.

Yours truly,
Marshall Peterson
Visitor Tax Rebates

Q. What has Mr. Lee done?

(A) Applied for an income tax refund.
(B) Started a company in New Zealand.
(C) Applied to immigrate to New Zealand.
(D) Bought an item worth more than $2,000.

【語句・用語】 **process** 〜を処理する／ **tax rebate application** 税の還付申請／ **enclose** 〜を同封する／ **documentation** 証拠書類／ **proof of export** 輸出証明／ **high-value item** 高額品目／ **submit** 〜を提出する／ **completed application form** 記入済みの申請書類

■ 読解のポイント

Dear Mr. Lee: の敬辞から，リー氏がビジネスレターの受取人であることがわかる《ルール1》。本文からリー氏の行動に関する語句をスキャニングしよう《ルール2》。Mr. Lee を指す代名詞 you がキーワードになる。リー氏の行動ははっきりとは明示されていないが，ヒントになるのは以下の2つの部分である。

- Proof of export is required for you to receive a sales tax rebate on high-value items (items with a value of $2,000 or more).
- To re-apply for your sales tax rebate, please submit a completed application form, the original receipt, proof of export, and a copy of this letter.

抜粋部分から，「書類の不備により，2,000ドル以上の買い物に対する税金の還付がうまく進んでいない」ということが読み取れる。このことから，リー氏が2,000ドル以上の買い物をしたことが推測できる。
パッセージに明示されていない内容を推測する必要がある，タイプ3の設問である。

正解 **(D)**

訳 設問は次の手紙に関するものです。

リー様

貴殿の渡航者向け税還付申請書は，ニュージーランドでご購入のコンピュータが国外に持ち出されたことを証明する書類が同封されていなかったため処理することができません。高額品（2,000ドル以上の価値の物品）における売上税の還付を受けるには輸出証明が必要となります。渡航者向け税還付申請書とコンピュータの領収書の原本を同封いたします。売上税の還付を再申請される際は，記入済みの申請書，領収書原本，輸出証明およびこの手紙のコピーをご提出ください。

よろしくお願い申し上げます。
マーシャル・ピーターソン
渡航者向け税還付担当官

Q. リー氏は何をしたのか。
(A) 所得税の還付を申請した。
(B) ニュージーランドで起業した。
(C) ニュージーランドへの移住を申請した。
(D) 2,000ドル以上の商品を購入した。

SECTION 1 2 3

ルール 5

選択肢を効率的かつ慎重に検討せよ！

ルール2～4で述べたタイプ別アプローチは，選択肢の検討に入るまでの準備段階であった。ルール5～6では素早く確実に選択肢を検討する方法を考えよう。

選択肢を検討する際のポイント

選択肢を検討する際には，「文脈から外れた選択肢を除外する」「選択肢をすべて検討する」という2つの点がポイントとなる。

POINT 1 文脈から外れた選択肢を除外する

文脈から外れた選択肢を除外すると，選択肢の検討をスムーズにおこなうことができる。例えば，以下のような問題を考えてみよう。

The question refers to the following notice.

> As part of the implementation and enforcement of the federal Commercial Motor Vehicle Safety Act of 1986, statute 39:4-46 has been amended to include the provision that commercial motor vehicles with a gross vehicle weight rating (GVWR) of more than 26,000 pounds, and principally garaged in this state, must display the vehicle's GVWR "in plain view and in numerals no less than three inches high."

Q. Why has this notice been issued?
(A) A new law has been passed.
(B) A new law has been proposed.
(C) Changes to an existing law have been proposed.
(D) Changes have been made to an existing law.

訳 設問は次の通知に関するものです。

> 1986年の連邦商用自動車安全法の施行・執行の一環として，法令第39条4項46号が修正された。これにより自動車総重量 (GVWR) が2万6,000ポンド以上クラスの，主に当州内の車庫に保管される商用車は，その GVWR を「縦3インチ以上の数字で，目につきやすい場所に」表示しなければならないという条項が含まれることとなった。

Q. この通知が発行されたのはなぜか。
　(A) 新法が成立したから。
　(B) 新法が提案されたから。
　(C) 現行の法律に対する改正が提案されたから。
　(D) 現行の法律に対する改正がなされたから。

4つの選択肢は，以下のようなグループ分けが可能である。

(A)	A new law（新法）に関する選択肢
(B)	A new law（新法）に関する選択肢
(C)	Changes（法改正）に関する選択肢
(D)	Changes（法改正）に関する選択肢

　設問は，この通知が出されるに至った理由をたずねている。本文中の …statute 39:4-46 has been amended to... という表現から，既存の法令が修正されたことがわかる。新法の成立に関しては全く触れられていない。よって，a new law（新法）という表現が含まれている (A)(B) は除外し，残りの (C)(D) のどちらかに正解が含まれていると判断できる。このように，文脈から外れた選択肢を除外することで，効率的に正解にたどり着くことが可能になる。

文脈から外れた選択肢を除外した後は，残りの選択肢から正解を探し出そう。選択肢 (C)(D) の内容を比較すると，以下のようになる。

> (C) 「現行の法律に対する改正が提案されたから」
>   ⇒法改正はすでに成立しており，提案されただけではないので×。
> (D) 「現行の法律に対する改正がなされたから」
>   ⇒「法律が修正された」という文意と一致するため○。

　よって，正解は (D) である。文脈から外れた選択肢を除外することで，選択肢の吟味にかける時間を減らし，制限時間を効率的に活用することが可能になる。
　選択肢を除外する際には，上の具体例のように選択肢中のキーワード（A new law と Changes）から選択肢を絞り込むことができることが多い。また，ビジネスレター・社内文書・ｅメールなどでは，送信者と受信者の関係をきちんと把握することで，１つか２つの選択肢を除外できる場合もある。

POINT 2　選択肢をすべて検討する

　PART 7 の問題を解く上では，たとえ正解と思われる選択肢が見つかったとしても，4 つの選択肢をすべて検討することが重要である。例えば，ポイント 1 の設問を例に取ると，選択肢 (C) で「現行の法律に対する改正が提案された」と書かれており，一見 statute 39:4-46 has been amended という本文の表現と一致するような印象を受ける。しかし，amended は「修正された」の意味。法改正はすでに成立しているため，「提案された」とする (C) は誤り。正解は (D) である。
　選択肢 (C) を正解と判断した段階で選択肢の検討をやめてしまい，選択肢 (D) まで読まなかったとしたら，この設問では誤答を選んでしまうだろう。「一見正解に見える選択肢」に安易にだまされないためにも，すべての選択肢を検討する習慣をつけることが望ましい。

例題 選択肢を効率的かつ慎重に検討しよう

The question refers to the following letter.

McDonald's Garden and Landscaping Supplies
122 Folsom Drive, Boulder, CO

May 14, 2007
John Buck Mowers Inc.
425 Rosedale Road, Princeton, NJ
ATTN: Adam Brown, Wholesale Manager

Dear Mr. Brown:

　　We recently ordered twelve John Buck model 2500 gas-powered lawnmowers. We paid for the order with our check number 1334, a photocopy of which is enclosed. We ordered model 2500 instead of model 2100 at the urging of your sales representative, Jerry Davis. He assured us that the 2500 is more powerful, more efficient, and more durable than the 2100. It is also considerably more expensive. We have had the 2500 on our selling floor for three weeks, and already four of them have been returned to us with broken cutting blades by extremely dissatisfied customers. We are therefore returning the entire order of model 2500 lawnmowers and would like a refund for the entire purchase price and shipping costs, as well as the cost of return shipping.

Sincerely,
Sean McDonald
Owner,
McDonald's Garden and Landscaping Supplies

Q. What is learned about Mr. McDonald?

(A) He works for Jerry Davis.
(B) He broke one of the lawnmowers he bought.
(C) He previously had bought a model 2100 from John Buck Mowers Inc.
(D) He bought the lawnmowers on the recommendation of a sales representative.

【語句・用語】**ATTN**（= **attention**）〜あて／ **wholesale** 卸売り／ **gas-powered lawnmower** ガス式芝刈り機／ **paid for the order with our check number 1334** 小切手番号 1334 で支払いをした／ **a photocopy of which is enclosed**（小切手の）コピーを同封した／ **at the urging of your sales representative** 貴社営業担当者の勧めで／ **cutting blade** 刈り刃／ **extremely dissatisfied customer** 憤慨した客

■ 読解のポイント

　ビジネスレターでは，まず差出人とあて先を確認しよう《ルール1》。この手紙は，McDonald's Garden and Landscaping Supplies 社の店主である Sean McDonald 氏が，John Buck Mowers 社の Wholesale Manager である Adam Brown 氏にあてたものであることがわかる。
　質問は「マクドナルド氏について何がわかるか」。
　マクドナルド氏が差出人であることを確認し，選択肢を一つ一つ検討していく。
　本文から選択肢 (A) の中にある Jerry Davis をスキャニングしよう。すると，We ordered model 2500 instead of model 2100 at the urging of your sales representative, Jerry Davis. とあり，マクドナルド氏は営業担当者の Jerry Davis 氏から芝刈り機を購入したことがわかる。このことから，マクドナルド氏とデイビス氏は顧客と取引先の関係であることがわかる。よって (A) は間違い。
　(B) の break「故障する」に関する語句をスキャニングしよう。本文から，…already four of them have been returned to us with broken cutting blades by extremely dissatisfied customers. という1文が見つかる。この文から，マクドナルド氏から芝刈り機を購入した顧客が故障した商品をマクドナルド氏に返品していることがわかる。マクドナルド氏自身が壊したわけではないため，(B) も本文と一致しない。
　この時点で，(A)(B) の選択肢は除外することができた。次に，(C)(D) のどちらが正解かを探っていこう。
　本文から (C) に含まれている 2100 という数字をスキャニングしよう。He assured us that the 2500 is more powerful, more efficient, and more durable than the 2100. とあり，「2100 型よりも 2500 型の方がより高性能であるとデイビス氏に勧められた」ということが読み取れる。一見，2100 型を以前に購入したことがあるように読み取れるが，

これだけでは確証が持てない。(C) はひとまず保留し，(D) について検討しよう。

選択肢 (A) でも参照した <u>We ordered model 2500 instead of model 2100 at the urging of your sales representative, Jerry Davis.</u> の 1 文がまさにこの選択肢と一致する。したがって，これが正解。

選択肢 (A)(B) は選択肢のキーワードを本文からスキャニングすれば，すぐに除外することができる《ルール 5：ポイント 1》。この設問では選択肢 (A)(B) を素早く除外し，(C) と (D) の比較検討に時間を割くことがポイントである。

選択肢 (C) は一見正解のように見えるかもしれないが，本文の情報では正解とも不正解とも判断ができない。一方で，選択肢 (D) は本文と照らし合わせれば，すぐに正解であることがわかる。選択肢 (C) を正解と早合点して選択肢 (D) まできちんと検討しないと，誤答を選びかねない。一見正解のように思える選択肢があったとしても，念のため 4 つの選択肢をすべて検討する習慣をつけよう《ルール 5：ポイント 2》。

正解 (D)

> 訳 設問は次の手紙に関するものです。

マクドナルド園芸造園用品店
122 Folsom Drive, Boulder, CO

2007年5月14日
ジョン・バック芝刈り機株式会社
425 Rosedale Road, Princeton, NJ
あて先：卸売部長　アダム・ブラウン様

ブラウン様
　先日，当店はジョン・バック2500型ガソリン式芝刈り機を12台注文いたしました。小切手番号1334番で支払いをし，その小切手のコピーを同封いたしましたのでご査収ください。当店は貴社の営業担当者のジェリー・デイビス氏の勧めで，2100型ではなく2500型を注文いたしました。デイビス氏は2100より2500の方が強力で，能率的かつ丈夫であると保証されました。また，2500は2100よりかなり高額となっています。当店では2500型を3週間にわたって販売してまいりましたが，刃の壊れた状態ですでに4台が返品され，お客さまは大変憤慨されております。したがいまして，当店は2500型の全商品を返却し，仕入れ代の総額，配送費，返送費の払い戻しをお願いしたく存じます。

よろしくお願いいたします。
ショーン・マクドナルド
店主
マクドナルド園芸造園用品店

Q. マクドナルド氏について何がわかるか。
　(A) 彼はジェリー・デイビス氏の下で仕事をしている。
　(B) 購入した芝刈り機の1台を壊した。
　(C) ジョン・バック芝刈り機株式会社から2100型を以前購入した。
　(D) 営業担当者の勧めで芝刈り機を購入した。

SECTION **1** 2 3

ルール 6

パラフレーズを見逃すな！

タイプ1～3のいずれの設問においても，文書中と同じ表現が選択肢で用いられていることはほとんどなく，何らかの形でパラフレーズ（言い換え）がされている。語句の印象に惑わされることなく，パラフレーズをきちんと見極めよう。

パラフレーズを見抜いて正解を見つけよう

ルール5で文脈から外れた選択肢を除外した後は，残りの選択肢の中から文書の内容に沿ったものを選ぼう。その際，選択肢では文書中と同じ表現が用いられていることはほとんどなく，何らかの形でパラフレーズ（言い換え）がされていることに注意する必要がある。

パラフレーズを見抜く2つのポイント

パラフレーズは大きく分けて，① 語句レベルと，より大きな ② 節・文レベルの2種類がある。この2つに習熟すれば正解への早道になる。それぞれの具体例を見ていこう。

POINT 1 語句レベルのパラフレーズ

1 同義語（句）によるパラフレーズ

完全な同義語と言えない場合も多い。

(a) 名詞　　aim「目的」　　　　⇔　purpose, end
　　　　　　itinerary「旅行日程」　⇔　travel plan
　　　　　　executives「経営陣」　⇔　management
(b) 動詞　　instruct「教える」　　⇔　educate
　　　　　　require「必要とする」　⇔　need, want
　　　　　　indicate「示す」　　　⇔　show, present

(c) 形容詞　　lucrative「もうかる」　⇔　profitable
　　　　　　　　cf. a lucrative business「利益の上がる事業」
　　　　　　up-to-date「最新の」　⇔　updated
　　　　　　overall「すべての」　⇔　whole, total, general
　　　　　　　　cf. the overall cost of the plan「計画の総経費」
(d) 副詞　　primarily「主として」　⇔　mainly
　　　　　　enjoyably「楽しく」　⇔　pleasantly, with joy
　　　　　　enormously「大いに」　⇔　greatly

2 否定語によるパラフレーズ

NOT を含む設問ではとくに注意。

　　reasonable「値が張らない」　⇔　not expensive
　　moderate「適度な」　⇔　not excessive
　　outdated「旧式の」　⇔　not modern
　　illogical「非合理的な」　⇔　not logical

3 句動詞によるパラフレーズ

　　take up ~「(時間・労力など) を要する」　⇔　occupy
　　fill out ~「(書類など) に記入する」　⇔　fill in ~
　　wrap up ~「(業務など) を終える」　⇔　wind up ~
　　　　cf. wrap up the discussion「議論を終える」
　　turn in ~「(書類など) を提出する」　⇔　hand in ~, submit

4 イディオムによるパラフレーズ

　　in reference to ~「~に関して言うと」　⇔　regarding ~, about ~
　　Strictly speaking,「厳密に言うと」　⇔　To be exact,
　　due to ~「~のせいで」　⇔　because of ~
　　in accordance with ~「~と合致して」　⇔　as prescribed in ~
　　　　　　　　　　　　　　　　　　　　「~に定められたとおりに」
　　　　cf. behave in accordance with company rules「社則を守って行動する」

5 具体例によるパラフレーズ

抽象的なものをより具体的な下位概念で言い換える。

　　car　　　　　　　　　⇔　coupe, sedan, limousine, etc.

relative	⇔	aunt, uncle, nephew, sister-in-law, *etc.*
family	⇔	mother, father, brother, sister, *etc.*
book	⇔	novel, science fiction, detective story, *etc.*
art	⇔	paintings, sculpture, photography, *etc.*
educational institution	⇔	elementary school, university, community college, *etc.*
music	⇔	classical music, jazz, rock, *etc.*
game	⇔	baseball, softball, soccer, *etc.*
mass media	⇔	television, radio, newspaper, *etc.*
electrical appliances	⇔	refrigerator, air conditioner, vacuum cleaner, *etc.*

POINT 2 節・文レベルのパラフレーズ

1 句と節，句と文

句・節・文相互の構造的転換に注目しよう。

※2語以上のまとまりで1つの意味を形成し，中に〈SV〉の結びつきがないものを「句」と呼び，〈SV〉の結びつきがあるものを「節」と呼ぶ。

the importance of solving these problems（句）
「これらの問題を解決することの重要性」
⇔ The important thing is how we can solve these problems.（文）

the cause of the accident（句）「事故の原因」
⇔ why the accident happened（節）

weak economic indicators（句）「弱い経済指標」
⇔ The economy is slow.（文）

My successor, Mr. A,（句）「私の後任のA氏」
⇔ Mr. A will be succeeding me.（文）

2 文型の主要素 (SVOC) の組み換え

There's much room for improvement in...〈SV〉
「～には改善すべき点が多い」
⇔ ...is far from satisfactory.〈SVC〉

I still haven't received... ⟨SVO⟩

「まだ受け取っていない」

⇔ ...haven't arrived yet. ⟨SV⟩

The workers were indignant about... ⟨SVC⟩

「労働者は憤慨した」

⇔ ...infuriated the workers. ⟨SVO⟩

We will take ten more days to complete it. ⟨SVO⟩⟨能動態⟩

「完成までにあと10日を要します」

⇔ It will be completed in ten days. ⟨SV⟩⟨受動態⟩

3 原文⇔簡略的言い換え［内容のまとめ］
　単に内容を要約するだけでなく，視点を変えて述べる場合もある。

Exhibits in Tokyo, especially those featuring famous works, can draw considerable crowds, particularly on weekends and holidays.

「とりわけ有名な作品を集めた東京での展示会は，とくに週末と祝日には相当に混雑する恐れがある」

⇔ Exhibits in Tokyo featuring famous works can be very crowded on weekends and holidays.

A government panel said the possibility of two major earthquakes striking at once would be caused by movement in the Earth's crust around the Nankai trough in the Pacific Ocean.

「政府の審議委員会によると，2つの大地震が同時に発生する可能性があるのは，太平洋の南海トラフ沿いの地殻の変動に原因があるからだという」

⇔ Two major earthquakes will be caused simultaneously by movement in the Earth's crust.

The dollar rose against the yen but slipped against the euro Friday, as a rebound on Wall Street failed to dispel lingering concern about the weakness of the global economy.
「ウォール街の立ち直りが世界経済全体の弱さに関する懸念を完全には払拭できなかったことの反動で，金曜日にはドルは円に対して上昇したが，ユーロに対して弱含みとなった」
⇔ Concern about the weakness of the global economy still lingers.

An epidemic of dengue fever in India has claimed its first victims, with ten people dying over the past three weeks.
「インドでのデング熱の流行による初の被害者。過去 3 週間で 10 人が死亡した」
⇔ Ten Indians died of dengue fever in three weeks.

Asian stocks ended mostly higher Friday in the aftermath of gains Thursday on Wall Street.
「木曜日のウォール街での値上がりを受けて，金曜日ほとんどのアジア株は高値で引けた」
⇔ Stocks rose both in the United States and in Asia.

Winter temperatures in the Grand Canyon drop below freezing and roads can be impassable due to snow and ice.
「グランドキャニオンでは冬の気温は氷点下になり，雪と氷のために道路は通行不能となることがある」
⇔ Traveling in the Grand Canyon can be very dangerous in winter.

4 肯定文⇔否定文

The entrance fee is $20 per vehicle, $10 per cyclist or pedestrian.
「入場料は自動車が 20 ドル，自転車・歩行者は 10 ドルです」
⇔ Entrance is not free.

■パラフレーズを見破るためには

　パラフレーズは短期間の勉強で身につけられるものではない。普段から大量の英語のインプットに励み，英語の言い回しを多くストックしておくことで，少しずつパラフレーズに対応できるようになるであろう。すでに知っている英単語を英英辞典で調べてみるのも，パラフレーズを学ぶ上では有効な方法である。

Exercise　パラフレーズの練習をしよう！

　TOEICのリーディング問題で鍵となるパラフレーズの練習をしよう。

練習1

　engage in ～「～に従事する」と類似の意味の表現をできる限り多く考え出し，下の空欄に書きなさい。

[　　　　　　　　　　　　　　　　　　　　　　　　　　　　]

練習2

　以下の文章の中から，engage in の類似表現に下線を引きなさい（練習1で書き出した表現を参考にすること）。

I am very pleased to announce that Ben Martin will join our firm as Vice President for Advancement on January 3, 2007. Ben has spent nearly 20 years in fundraising, with executive leadership experience in non-profit organizations.

練習1
【解答例】
[work at, join in, be involved in, deal with, be committed to, be connected with]

練習2
【解答と解説】
　正解は join。企業に採用が決まった旨を説明する通知 (announcement) である。join our firm「入社する」は engage in our firm とパラフレーズできる。

【訳】
　2007年1月3日付けで，ベン・マーチン氏が開発担当副社長として弊社に入社します。非営利団体での幹部としてのリーダーシップの経験を含め，資金調達業務に20年以上携わってこられました。

例題 語句・表現・文構造のパラフレーズを確認しよう

The question refers to the following article.

Picture This

　With the advent of the Internet has come an explosion of e-commerce, content development and self-publishing. But the lack of protection of images, pictures and trademarked material has soured some developers from entering or expanding their Web presence. By some estimates, images owned by media and software companies generate more than $300 million in annual sales. However, copying images from the Internet can be done for free in only a few steps by anyone with access to a computer.

　New Media Productions has developed a software product called Pixstar, which prevents Web surfers from saving, copying or printing on-line images. Pixstar puts special "tags" or codes inside an image. The tags are invisible to the casual observer and can be removed only by the owner's Pixstar software. "We've found a solution that both lays the foundation for protecting copyright on the Web and supports commerce on the Web by enabling site owners to assert ownership of their images," says Hal Medrano, New Media president. According to Mr. Medrano, Pixstar will be especially valuable to magazine publishers, artists, illustrators, photographers and stock photo providers.

Q. What is said about images owned by media and software companies?
 (A) They may usually be copied for noncommercial purposes.
 (B) They generate hundreds of millions of dollars in sales every year.
 (C) They can only be used by those who have written permission to do so.
 (D) They are often produced by independent artists and content developers.

【語句・用語】**with the advent of ～** ～の到来とともに／**e-commerce** 電子商取引／**content development** コンテンツ開発／**self-publishing** 自費出版／**trademarked material** 商標登録されている意匠／**sour (人) from ～ing** (人)に～することに嫌気を催させる／**for free** 無料で／**invisible** 目に見えない／**lay the foundation for ～** ～の基礎を築く／**stock photo provider** ストックフォト・エージェンシー(ストック写真提供業者)

■ 読解のポイント

質問文中のキーフレーズである images owned by media and software companies をスキャニングしてみよう。すると，第1段落第3文にそのままの表現があるので，この前後を読むと，選択肢 (B) が正解に最も近いことがわかる。

選択肢を検討する際には，文書中の表現が (B) ではパラフレーズされていることに注意しよう。両者の関係を示すと次のようになる。

〈文書中の表現〉　　　　　　〈選択肢 (B) でのパラフレーズ〉
more than $300 million　⇔　hundreds of millions of dollars
in annual sales　　　　　⇔　in sales every year

この設問のように，具体的な数値をぼかすパラフレーズの方法は TOEIC では頻繁に用いられるので押さえておくとよい。

正解 **(B)**

訳 設問は次の記事に関するものです。

想像してみてください

　インターネットの到来とともに電子商取引，コンテンツ開発および自費出版が爆発的に増えた。しかし画像，写真および商標登録されている意匠に対する保護が欠如しているために，開発者の中にはウェブサイトを構築したり，その規模を拡大するのに嫌気が差している者もいる。ある見積もりでは，マスコミやソフトウェア会社が所有する画像により，年間3億ドル以上の売り上げがある。しかし，インターネットから画像をコピーすることはコンピュータにアクセスできる者であれば誰でも，わずかなステップを踏むだけで無料でできる。

　ニューメディア・プロダクションズ社は，インターネットの閲覧者がネット上の画像を保存，コピーまたは印刷するのを防止するピクスターと呼ばれるソフトウェア商品を開発した。ピクスターは画像の中に特別な「タグ」，すなわちコードを取りつける。タグは一般の閲覧者には見えず，所有者のピクスター・ソフトウェアだけが取り除くことができる。「ウェブサイトの所有者が画像の所有権を行使できるようにすることで，ウェブ上での著作権保護の基礎を築きつつ，同時にウェブ上の取引を支援する解決法を見出した」と話すのはニューメディア社社長のハル・メドラーノ氏。同氏によれば，ピクスターはとくに雑誌出版社，アーティスト，イラストレーター，写真家およびストックフォト業者にとって有益だとのことである。

Q. マスコミとソフトウェア会社が所有する画像について，何と言っているか。
(A) 通常，非商業目的であればコピーしてもかまわない。
(B) 年間，何百万ドルもの売り上げがある。
(C) 書面による使用許可を得た人のみ使用できる。
(D) フリーのアーティストやコンテンツ開発者によってよく制作される。

SECTION **1**　2　3

|ル|ー|ル| 7 |

時間配分に注意せよ！

TOEIC を初受験した学習者の中には，「PART 7 が最後まで解き終わらなかった」という人が多いようである。PART 7 を攻略する上では，限られた時間の中で多くの設問をこなす必要がある。ゆえに，時間配分に注意することが重要である。PART 7 で効率的なタイム・マネジメントをおこなうための鉄則を紹介する。

■ リーディング・パートのタイム・マネジメント

　TOEIC のリーディング・パートでは，PART 5 〜 7 を合計 75 分で解くことが求められる。PART 7 を時間内に効率的に解くためには，PART 5・6 を含めた総合的なタイム・マネジメントが必要になる。具体的には，以下のような時間配分が理想であろう。

		設問数	1 問あたりの所要時間	全体の所要時間
PART 5	短文穴埋め問題	40 問	約 25 秒	約 17 分
PART 6	長文穴埋め問題	12 問	約 25 秒	約 5 分
PART 7	**single passage 問題**	**28 問**	**60 秒**	**28 分**
	double passage 問題	**20 問**	**60 秒**	**20 分**
合　計				70 分

　表のようなペースで解くと，PART 5 〜 7 がちょうど 70 分で完了し，5 分の見直し時間を取ることができる。PART 7 の問題は single passage，double passage ともに 1 つの設問あたり 60 秒以内で解くことが必要である。

TOEIC では，難しい設問を後回しにして簡単な設問を確実に押さえた方が，スコアアップの上では効果的である。難しい設問に手間取って簡単な設問を取りこぼすという事態を防ぐためにも，60 秒以上かけても正解がわからない設問に関しては後回しにすべきである。

　ただし，難しい設問を飛ばして後回しにしたとしても，試験終了までには必ず何らかのマークをするようにしよう。TOEIC では無解答も不正解も同じに扱われるので，無解答のままにしておくのはもったいない。推量でもいいのでマークをしておけば，4 分の 1 の確率で正解になる可能性がある。

効率的に時間を使うテクニック

POINT 1　スキャニング・スキミングを使い分ける

　PART 7 を効率的に解く鍵は，ルール 2 で述べたスキャニングとルール 3 で述べたスキミングという 2 つのテクニックをうまく使い分けることにある。文書を頭から丁寧に読んでいると，時間が足りなくなる。TOEIC は時間との勝負であることを再認識しよう。

POINT 2　スキャニングが必要な設問を優先して，スキミングが必要な設問は後回しにする

　TOEIC では 1 つの文書につき設問が複数用意されている。もし，設問の中にタイプ 2 の設問とそれ以外の設問（タイプ 1 の設問・タイプ 3 の設問）が含まれている場合には，ひとまずタイプ 2 の設問は飛ばし，タイプ 1 の設問やタイプ 3 の設問を先に解くことが望ましい。タイプ 2 の設問は文書に書かれている特定の情報に関するものではなく，文書の全体的な理解を問う設問である。ゆえに，文書のほぼ全体に目を通した上で，最後に取り組むのが理想的である。例えば，以下のような問題があったとする。

> 設問 1 ➡ タイプ 2 の設問（文書の全体的な内容に関する設問）
> 設問 2 ➡ タイプ 1 の設問（文書に含まれた詳細な情報に関する設問）
> 設問 3 ➡ タイプ 1 の設問

この問題は，以下のような順番で解くのが効率的である。

> ① 設問2 ➡ タイプ1の設問
> ② 設問3 ➡ タイプ1の設問
> ③ 設問1 ➡ タイプ2の設問

　上のような順番で解くと，設問2・3を解いている過程で，その文書がどのような事柄に関するものなのか，おぼろげながらわかってくるであろう。つまり，設問2・3に関するスキャニングをおこないながら，同時に設問1に関するスキミングも並行しておこなうことができるのだ。いわば，スキャニングとスキミングの合わせ技である。タイプ2の設問を後回しにしてこの合わせ技を活用することで，限られた時間を有効に活用することができる。

　タイプ2の設問を後回しにすることには，時間の節約に加えて，正答率がより高くなるというメリットがある。文書の全体的な理解を問うタイプ2の設問は，タイプ1や3の設問よりも文書に対するより高いレベルの理解度が必要となる場合が多い。タイプ1や3の設問を優先して解くことで，文書についてより深く理解した段階でタイプ2の設問を検討することができるため，タイプ2の設問に正解できる可能性が高くなるのである。

POINT 3　文書の種類によって優先順位をつける

　PART 7の問題を解く上では，難しい問題を適宜飛ばしつつ，最初から順番に解いていくことが望ましい。順序に関係なくいろいろな問題を解いていくと，解答欄を間違えてしまうなどの危険性があるからだ。ただし，残り時間が15分を切っているのに，設問が20問以上残っているというような場合は，文書の種類によって優先順位をつけ，早く解けそうなものから順番に解いていくとよい。

　文書のジャンル別に見ると，優先順位は次ページのようになる。

1. 図表
　文章をほとんど読まずに正解にたどり着けるものが多い。図表の目的，見出しさえ理解すれば，スキャニングで正解にたどり着ける設問が多いため，最優先すべきである。

2. メモ
　分量が少ないことが多く，書かれていることもそれほど複雑ではない場合が多い。ゆえに，図表の次に優先すべきである。

3. 手紙・eメール・社内文書
　メモにくらべると長いことが多い。書かれている内容は単純なものから，やや複雑な場合もあるため，優先順位は中間である。レイアウトや見出しなどを見て，複雑そうであれば後回しにしよう。

4. 広告
　多少難しい語彙が含まれる可能性が高い。ただ，設問が比較的定型化している（製品の価格，機能など）ため，一般記事よりは正解を導きやすいことが多い。

5. 一般記事
　分量が多く，また難易度がやや高い語彙も含まれることが多い。記事によっては背景知識がないと理解に時間がかかるものもある。よって，時間が足りない場合はほかの問題を優先すべきである。

ジャンルに加えて，文書の長さや設問数も順番を決める上で基準となる。具体的には，以下のような優先順位で解くとよい。

1. 文書が短く，設問数が多い問題
2. 文書が短く，設問数が少ない問題
3. 文書が長く，設問数が多い問題
4. 文書が長く，設問数が少ない問題

　ただし，短い文書でも難易度が高い設問や，長い文書でも正解がわかりやすい設問などの例外もある。文書の長さや設問数は，あくまでも基準の1つとして頭の隅に入れておこう。

POINT 4 本番と同じ時間配分で模擬テストを解いて、ペースをつかむ

　TOEICの本試験を受ける前に、最低でも2～3回は本番と同じ時間配分で模擬テストを解いておこう。ペース配分をつかむことができ、時間を効率的に使えるようになる。

例題 次の２つの問題を４分以内に解いてみよう

【問題1】
Questions 1 - 2 refer to the following report.

Online video commercials have taken over advertising. According to a recent report issued by media analyst Vince Wood, video advertising via the Internet is the industry's fastest growing method.

"With technology growing and attention spans shortening, the majority of Americans get their information through the Internet," said Wood. "Whether it is through blogs or news sites, all it takes is something to catch the eye and the message will spread within seconds."

The report showed a 23 percent increase from last year in online shopping, while catalog and home shopping have declined by 12 percent.

"I get everything I need from the Net," said Andreas Combs, a 21-year-old college student from Georgia who takes time to click on advertisements offering products he would otherwise not have access to. "I learn about newer gadgets, games, and trends that I could never find just reading the local paper."

---

1. Who is Mr. Wood?
   (A) A student
   (B) A reporter
   (C) A stockbroker
   (D) A media analyst

2. By how much did online shopping increase from the previous year?
   (A) By 12 percent
   (B) By 21 percent
   (C) By 23 percent
   (D) By 31 percent

【問題2】

Questions 3 - 4 refer to the following announcement.

Southern Weekly is sponsoring an amateur photo contest. We would like to see why you like living in the South. We have two categories: nature and people. One entry per person. The winner from each category will receive $1,000. Please send your photos by e-mail to contest@southernweekly.com. Deadline is May 1.

---

3. What is the purpose of this announcement?
  (A) To announce a contest
  (B) To announce a job opening
  (C) To request article submissions
  (D) To advertise a photography service

4. How can people submit their entries?
  (A) By phone
  (B) In person
  (C) By e-mail
  (D) By surface mail

【語句・用語】
【問題1】 **take over ~** ～の主導権を得る，乗っ取る／ **advertising** 広告／ **issue** 発行する／ **shorten** 短くなる／ **blog** ブログ／ **spread** 広がる／ **decline** 低下する／ **gadget** 気の利いた器具，機械類／ **trend** トレンド，傾向
【問題2】 **sponsor** ～のスポンサーを務める／ **category** 範疇，カテゴリー／ **deadline** 締め切り

■読解のポイント

問題1の本文はかなり長く，問題2の本文はかなり短い。どちらも設問は2つずつなので，少ない分量で2問に答えられる2つ目の文書から解き始めるとよい。次ページで，問題2から解法を見ていく。

【問題 2】設問 3 は文書の全体的な内容を問うタイプ 2 の問題である《ルール 3》。設問の 1 番目にタイプ 2 の設問が来ているため，残りの設問を解いてから，最後にこの設問に戻ってきたほうがよい。よって，設問 4 →設問 3 の順番で解こう。

4. submit their entries がキーワード。最後の文の send your photos は，submit their entries のパラフレーズである。よって，(C) By e-mail が正解。

3. この記事はアマチュア写真コンテストに関するものであるため，(A) が正解。選択肢 (C) に submissions，(D) に photography など，文書から連想される語が散りばめられているが，これらはひっかけである。

【問題 1】設問 3 を解き終わったら，問題 1 に戻ろう。この文書は比較的長く，また少し難易度の高い語彙も含まれているため難しいと感じるかもしれない。ただし，いずれの設問も詳細な情報を問うタイプ 1 の設問であるため，キーワードを文書からスキャニングすれば短時間で解くことができる《ルール 2》。スキャニングせずに文書をすべて読んでいると，結果的に時間が足りなくなってしまうことがある。

1. Mr. Wood をスキャニングすれば，正解に効率的にたどり着ける。

2. 選択肢中の数字と percent がキーワード。第 3 段落に 23 percent，12 percent という数字が出ているので，内容を吟味した上でどちらかの数字を選択しよう。

正解 1. (D)　　2. (C)　　3. (A)　　4. (C)

訳1 設問 1-2 は次の報告に関するものです。

> オンラインの動画 CM が，広告において主流になってきた。メディア評論家のヴィンス・ウッドが出した最近の報告によれば，インターネットを通した動画広告が，業界で最も急速に成長している手法であるという。
>
> 「技術が進歩し，注意の持続時間が短くなっており，アメリカ人の大多数はインターネットを通じて情報を得ています」ウッドは言った。「ブログ，あるいはニュース・サイトを通してだとしても，鍵になるのは見る者の目を捕らえることです。そうすれば，メッセージはすぐに広がります」。
>
> その報告は，昨年よりもオンライン・ショッピングの売り上げが 23 パーセント伸びたことを示しているが，一方でカタログショッピングおよびホームショッピングについては，12 パーセント減少したとのことだ。
>
> 「私は必要な物はすべてネットで買います」とジョージア州の 21 歳の大学生，アンドレアス・コームスは言う。彼は，ほかでは手に入らないであろう製品を宣伝している広告をクリックすることをいとわない。「地方紙を読むだけでは決して見つけられない新しい器具や，ゲーム，トレンドについて知ることができます」。

1. ウッド氏は何をしている人か。
   (A) 学生
   (B) レポーター
   (C) 株式仲買人
   (D) メディア評論家

2. オンライン・ショッピングは，前年からどの程度伸びたか。
   (A) 12 パーセント
   (B) 21 パーセント
   (C) 23 パーセント
   (D) 31 パーセント

訳2 設問3-4は次の告知に関するものです。

> 『サザン・ウィークリー』は，アマチュア写真コンテストのスポンサーを務めます。皆さんがなぜ南部に暮らすことが好きなのかという理由を，私たちは知りたいと思っています。2つの部門があります。自然と人間です。1名につき，1出品とさせていただきます。それぞれの部門の優勝者には，1,000ドルの賞金をご用意しております。eメールで，contest@southernweekly.com まで写真をお送りください。締め切りは5月1日です。

3. この告知の目的は何か。
(A) コンテストを告知すること
(B) 仕事の空きを告知すること
(C) 記事の投稿を要請すること
(D) 写真サービスを広告すること

4. どのようにして応募することができるか。
(A) 電話で
(B) 直接会って
(C) eメールで
(D) 郵便で

Practice Test SECTION 1

文書を読み，質問に対して最も適切な答えを (A) (B) (C) (D) の中から1つ選びなさい。

Questions 1 - 3 refer to the following e-mail.

To: Steve Powers, Sales
From: Don Cooper, Accounting
Date: 25 February 2007
RE: Your expense report

I need more information regarding some of the items you submitted for reimbursement on your most recent expense report. There are a large number of "miscellaneous" items that require further clarification. Some of the items have receipts, but no descriptions; others have descriptions, but lack receipts. I am returning your report and receipts with this memo and have indicated the items needing clarification. Could you please re-submit your report with the missing information? After I receive your revised report, I will expedite the processing to get you your check without further delay.

Thanks,
DON COOPER

---

1. What does Mr. Cooper request?

(A) Clarification of a policy
(B) That Mr. Powers submit a budget report
(C) Additional information for an expense report
(D) Reimbursement for the items in the expense report

2. What has Mr. Cooper done?

(A) Returned from a business trip.
(B) Purchased miscellaneous items.
(C) Failed to provide descriptions of some items.
(D) Given the expense report back to Mr. Powers.

3. What does Mr. Cooper say he will do?

(A) Provide receipts.
(B) Re-submit the expense report.
(C) Review the request with a supervisor.
(D) Arrange for payment to be made quickly.

Questions 4 - 6 refer to the following advertisement.

We know you are smarter than a butterfly

The monarch butterfly migrates from the Great Lakes to the mountains of Mexico and back again, often drifting from its course, but never losing its way.

Some might say that that is one of the miracles of nature, but with the new NavMaster GPS 2000, you too can find your way back to any landmark, destination or campsite, anytime.

The hand-held NavMaster GPS 2000 uses satellite navigation technology to instantly pinpoint where you are, where you have been, and where you need to go. It is rugged, waterproof, compact, and surprisingly affordable. It is also push-button easy.

To find out just how easy and for the location of the dealer nearest you, give us a call at 1-800-475-4607.

The NavMaster Corporation: Where technology reflects nature.

4. For whom is this advertisement intended?
   (A) People needing precise location information
   (B) Geographers, cartographers, and surveyors
   (C) Those seeking a position with NavMaster
   (D) People who study butterfly migrations

5. Which of the following statements is true of the NavMaster GPS 2000?
   (A) It is hand-held.
   (B) It is accurate to within 25 meters.
   (C) It uses a map display to indicate position.
   (D) It can be operated using batteries or solar power.

6. What claim is made for the NavMaster GPS 2000?
   (A) It is not expensive.
   (B) It can be used indoors.
   (C) It works in all weather conditions.
   (D) It can be used to find buried metal objects.

Questions 7 - 10 refer to the following letter.

```
                Fidelity Insurance
                 200 River Street
                 Alexandria, VA
```

February 14, 2007

Mr. Charles Green
American Office Furnishings
359 Lee's Pike
Richmond, VA

Dear Mr. Green,

    We would like to solicit your bid for furnishing our two new branch offices (one in Washington, DC, and the other in Rockville, MD).

    The attached list details what we will need to match the existing furniture at our headquarters office in Alexandria. If you do not handle a specific item on the list, but can provide an item comparable in color, design, and price, please provide a quote for that item. We also ask that you include a photograph and catalog description for any substitution.

    If you choose to bid, please arrange for your bid package to arrive at our office no later than March 20.

    We look forward to receiving your bids. If you have any questions, please don't hesitate to contact me.

Sincerely,
Adam Peterson
Procurement Manager, Fidelity Insurance

7. What is learned about Fidelity Insurance?
   (A) It is opening two new offices.
   (B) It specializes in insuring businesses.
   (C) Its headquarters are in Washington, DC.
   (D) Its office in Rockville, MD will be closing.

8. What has Mr. Green been asked to do?
   (A) Send a catalog.
   (B) Provide a quote for insurance.
   (C) Supply office furniture for Fidelity Insurance.
   (D) Arrange for a delivery to the Alexandria office.

9. What has Mr. Peterson asked for?
   (A) A list of required items
   (B) An item that is no longer available
   (C) Photographs of items to be insured
   (D) Descriptions of items to be substituted

10. What deadline has Mr. Peterson set?
    (A) February 14th
    (B) March 20th
    (C) April 1st
    (D) Two weeks from the date the order is received

Questions 11 - 12 refer to the following graph.

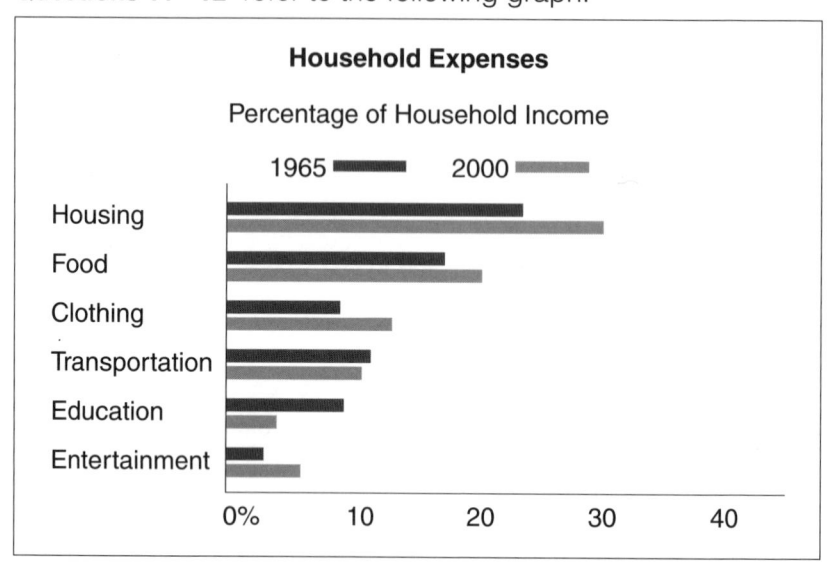

Household Expenses

Percentage of Household Income

1965 2000

- Housing
- Food
- Clothing
- Transportation
- Education
- Entertainment

0%   10   20   30   40

11. What does the graph illustrate regarding housing?
    (A) Housing costs tripled between 1965 and 2000.
    (B) More families were homeowners in 2000 than in 1965.
    (C) In 1965, families lived in smaller houses than in 2000.
    (D) The average family in 2000 spent a larger share of income on housing than in 1965.

12. According to the graph, what can be said about entertainment?
    (A) The average family in 2000 spent twice as much on entertainment as in 1965.
    (B) There were far more entertainment options available in 2000 than in 1965.
    (C) The average family in 2000 spent more on education than on entertainment.
    (D) Education was more expensive than entertainment in 1965.

Questions 13 - 14 refer to the following advertisement.

> Office space immediately available. Located in the Garment District, this loft space is 5,250 square feet with 12-foot ceilings. The space is located on the fifth floor of the Schroeder Building on West 38th Street. The building has an elevator, large windows, and direct sunlight. Please call Mike at Cityfeet Realty at (212) 624-9387 for more information.

13. What is being advertised?
    (A) A business
    (B) A building
    (C) An apartment
    (D) An office space

14. What is NOT true about the building?
    (A) It is well shaded.
    (B) It has an elevator.
    (C) It has large windows.
    (D) It is in the Garment District.

Questions 15 - 18 refer to the following table.

2007 Southeastern Regional Association
Treasurer's Report
February 26, 2007
Prepared by Jeannette Wilkinson, Treasurer, SERA

Beginning Balance: $1579.58
  Includes accounting discrepancy of $5.88
  Includes cash found $100.00

Income:
SERA Annual Carnival 620.00
  Bank Interest 13.32
  Total Income: 633.32

Expenses:
SCCI Grant 200.00
  Alan Cressler Grant 200.00
  Cash Awards 200.00
  Award Supplies 8.64
  Web Space 15.00
  Copying Expenses 12.50
  Total Expenses: 636.14

Ending Balance: $1576.76

15. Which of the following is true about the report?
- (A) It was sent by fax.
- (B) It was prepared by the Treasurer.
- (C) All income came from fundraising activities.
- (D) Some earnings were based on projected estimates.

16. What was the club's total income for the year?
- (A) $620.00
- (B) $633.32
- (C) $636.14
- (D) $1,576.76

17. Which of the following items did the Southeastern Regional Association NOT spend money on?
- (A) Grants
- (B) A carnival
- (C) A web site
- (D) Cash awards

18. What does the $5.88 figure indicate?
- (A) Cash that was paid from a previous year's loan
- (B) Money in the treasury that could not be accounted for
- (C) Income that was generated from interest on a bank account
- (D) An expense that will be added to the following year's report

Questions 19 - 23 refer to the following advertisement and e-mail.

Feel Good Chiropractor

We treat pain:
- Hip
- Foot
- Head
- Neck
- Shoulder
- Lower back

We also make custom shoe insoles.
Feel good today. Your first visit is free.

129 North Shore Drive
Call 937-4872 and make your appointment today.
For specific questions e-mail Dr. Gary Mallard at drgary@feelgood.com.

From: Michelle Lewis [michelle123@gmail.com]
To: drgary@feelgood.com
Subject: Foot pain

Dear Dr. Mallard,

I saw your advertisement in the newspaper and noticed that you make custom insoles. I have insoles from my doctor in England for my chronic foot pain and would like to get something similar. Should I bring the soles I have or will you make them from my foot?
Also, I was wondering if you make special insoles for dress shoes. I work in an office and would like special supporting insoles that are thin enough to wear with fancier shoes.

Thank you for your time.

Sincerely,
Michelle Lewis

19. What pain might Dr. Mallard NOT treat?
    (A) Hip
    (B) Neck
    (C) Lower back
    (D) Stomach

20. What special does the clinic offer?
    (A) A free initial exam
    (B) A sale on custom shoes
    (C) A free foot massage with exam
    (D) Fifty percent off custom insoles

21. Where did Ms. Lewis see the advertisement?
    (A) In a magazine
    (B) In a newspaper
    (C) On the Internet
    (D) At a health store

22. Where is Ms. Lewis' doctor?
    (A) In Norway
    (B) In England
    (C) In Ireland
    (D) In Finland

Go on to the next page.

23. What is Ms. Lewis inquiring about?
   (A) Her foot pain
   (B) Her dress shoes
   (C) Chronic back pain
   (D) Custom shoe insoles

Practice Test SECTION 1 Answers

900 設問 1-3 は次の e メールに関するものです。

受信者：営業部　スティーブ・パワーズ
送信者：経理部　ドン・クーパー
日　付：2007 年 2 月 25 日
件　名：経費報告書

経費払い戻しのために提出された最新の経費報告書のいくつかの項目について，追加情報が必要です。「雑費」の欄に含まれる多くの項目はさらなる明細が必要です。項目の中には領収書があっても記述がなく，また逆に記述があっても領収書がないものがあります。提出された報告書および領収書をこの連絡メモと一緒にお返ししますが，明細が必要な項目にはその旨記してあります。不足している情報をつけ加えて報告書を再度提出いただけますでしょうか。訂正された報告書を受け取り次第，小切手を迅速に手配いたします。

よろしくお願いいたします。
ドン・クーパー

【語句・用語】**Sales** = **Sales Department** 営業部／**Accounting** = **Accounting Department** 経理部／**expense report**（出張などの）経費報告書／**reimbursement** 返金，払い戻し／**miscellaneous** 雑多な／**clarification** 明確化／**description**（詳細の）記入，説明／**re-submit** 再度提出する／**expedite the processing to** *do* 〜することを急ぐ

■ 読解のポイント

RE：（件名），To：（受信者），From：（送信者）の部分から，経費報告に関する社内メールだとわかる。送信者と受信者それぞれの所属部署，社内メールの件名に注意《ルール 1》。

1. 正解 (C)

質問文のキーワードである request に該当する部分を本文からスキャニングすれば，正解がわかる《ルール 2》。本文冒頭の I need more information regarding... の 1 文に注目しよう。「クーパー氏が求めている」のは more information，これを Additional information とパラフレーズした (C) が正解《ルール 6》。

設問の訳　クーパー氏は何を求めているか。
- (A) 方針の明確化
- (B) パワーズ氏の予算報告書の提出
- (C) 経費報告書に対する追加情報
- (D) 経費報告書の項目に対する払い戻し

2. 正解 (D)

本文中からクーパー氏の行動に関する部分をスキャニング《ルール2》。質問文が現在完了形で書かれているので，過去形や現在完了形で書かれている部分に注目しよう。I am returning your report…, and have indicated the items needing clarification. の個所にヒントがある。前半部分の returning を give back を使ってパラフレーズした (D) が正解《ルール6》。

設問の訳　クーパー氏は何をおこなったか。
- (A) 出張から帰った。
- (B) さまざまな物品を購入した。
- (C) いくつかの品目について，詳細を明記することを忘れた。
- (D) パワーズ氏に経費報告書を返却した。

3. 正解 (D)

質問文に含まれる助動詞 will「〜するつもりだ」がキーワードとなる。本文から will など未来に関する表現をスキャニングしよう《ルール2》。最後の1文の後半に …I will expedite the processing… とあることから，この部分をパラフレーズした (D) が正解《ルール6》。

設問の訳　クーパー氏はこれからどうすると言っているか。
- (A) 領収書を発行する。
- (B) 経費報告書を再提出する。
- (C) 要請の内容を上司と詳しく検討する。
- (D) 支払いが迅速にされるよう手配する。

730 設問 4 - 6 は次の広告に関するものです。

あなたはチョウより賢い

　オオカバマダラチョウは五大湖周辺からメキシコの山間部まで渡りをおこない，その後，来た道をまた戻ります。コースからそれることはしばしばあっても，道に迷うことは決してありません。

　これを自然の奇跡の1つだと言う人もいますが，あなたも新しいナブマスターGPS 2000 を使えば，どんな目標，目的地，キャンプ場にもいつでもたどり着けます。

　手のひらサイズのナブマスター GPS 2000 は衛星ナビゲーション技術を用いて，現在地，それまでにいた場所，目的地あるいは野営地をいつでも特定します。丈夫で防水加工済み，コンパクトで驚くほど手ごろな価格です。しかもボタンを押すだけの簡単操作。

　この簡単な操作の情報やお近くの取扱店についてのお問い合わせは 1- 800 - 475 - 4607 までお電話ください。

　ナブマスターコーポレーション：その技術は自然を映し出す

【語句・用語】**monarch butterfly** オオカバマダラチョウ／**migrate** 渡りをおこなう／**the Great Lakes** 五大湖／**drift from** 〜からそれる／**lose *one's* way** 道に迷う／**GPS**（＝ **Global Positioning System**）全地球測位システム／**landmark** 目標／**hand-held** 手のひらに乗る（＝ **can be held in *one's* hand**）／**satellite navigation technology** 衛星ナビゲーション技術／**pinpoint** 〜を特定する／**rugged** 丈夫な／**waterproof** 防水仕様の／**affordable** 手ごろな価格の／**push-button easy** ボタンを押すだけの簡単操作の（＝ **easy to push buttons**）／**The NavMaster Corporation: Where technology reflects nature.** ナブマスターコーポレーション：その技術は自然を映し出す

■読解のポイント

書式情報から，記事の体裁を取った広告文であるとわかる。広告の対象，商品の特徴，使用方法，価格などの情報を注意して読み取る《ルール 1》。

4. 正解 (A)

"For whom...?" と販売対象に関してたずねているので，本文中から人に関する語句をスキャニングしてみよう《ルール 2》。しかし，とくに販売対象を表すような語句は書かれていない。そこで，スキミングによって本文の概要を把握し《ルール 3》，それをもとに販売対象を想像し

てみる。第 2 段落の最後の部分 …you too can find your way back to any landmark, destination or campsite… から，商品の販売対象は一般のアウトドア愛好家などであることが推測できる。

設問の訳　この広告文の対象は誰か。
(A)　正確な位置情報を必要としている人
(B)　地理学者，地図製作者，測量技師
(C)　ナブマスター社に就職したい人
(D)　チョウの渡りの研究家

5. 正解 **(A)**

質問文のキーワードである NavMaster GPS 2000 を本文からスキャニングしよう《ルール 2》。第 3 段落の冒頭 The hand-held NavMaster GPS 2000 uses… に注目。

設問の訳　ナブマスター GPS 2000 に関して，正しい文は次のどれか。
(A)　手のひらの上で操作できる。
(B)　誤差 25 メートル以内である。
(C)　位置情報を示すのに地図表示装置を用いる。
(D)　電池または太陽エネルギーを使って動かすことができる。

6. 正解 **(A)**

設問 5. と同じく，NavMaster GPS 2000 を本文からスキャニングしよう《ルール 2》。(C) 第 3 段落に rugged, waterproof「丈夫で防水機能がついた」とあるが，「全天候型」(in all weather conditions) とは述べていないので，不正解。(A) 第 3 段落に surprisingly affordable「驚くほど手ごろな価格」とある。affordable を not expensive とパラフレーズした (A) が正解《ルール 6》。

設問の訳　ナブマスター GPS 2000 について，主張として正しいのはどれか。
(A)　高価ではない。
(B)　屋内で使用できる。
(C)　全天候対応型である。
(D)　地下に埋められた金属の物体の探知に使える。

900 設問 7 - 10 は次の手紙に関するものです。

フィデリティ保険
200 River Street
Alexandria, VA

2007 年 2 月 14 日

チャールズ・グリーン様
アメリカン・オフィス家具
359 Lee's Pike
Richmond, VA

グリーン様

　私どもの新しい支店 2 か所（首都ワシントンとメリーランド州ロックビル）に対する家具提供の入札のお誘いをご連絡いたします。
　添付のリストに，アレクサンドリア本社の既存の家具に適合させるべきものの詳細が記されています。本リスト内の品物のお取り扱いがない場合でも，色・デザイン・価格の面から見てそれらに見合う品物を納入いただける場合は，その品物の見積額を入れてください。代わりの品物に対しては，写真と詳細をご提供くださるようお願いいたします。
　入札にご参加いただける際は，入札必要書類をご用意いただき，3 月 20 日必着でお送りください。
　ご参加をお待ちしています。ご質問がありましたら，遠慮なくご連絡ください。

よろしくお願い申し上げます。
アダム・ピーターソン
フィデリティ保険　調達管理部長

【語句・用語】**insurance** 保険／**VA** ＝ Virginia ／ **furnishings** 家具(店)／ **solicit your bid** 貴社の入札を歓迎する／ **MD** ＝ Maryland ／ **attached list** 添付のリスト／ **match the existing furniture** 現在の家具に合わせる／ **headquarters office** 本社／ **handle a specific item** 特定の品目を扱う／ **comparable** ほぼ同等の／ **provide a quote for ~** ～の見積額を提示する／ **substitution** 品目の代替(代替商品のこと)／ **bid package** 入札必要書類一式／ **no later than ~** 遅くとも~までに／ **Procurement Manager** 調達管理部長

■ 読解のポイント

書式からビジネスレターであると判別できる。レターヘッドを確認すると，発信者が保険会社（Fidelity Insurance），送付先が家具会社（American Office Furnishings）であることがわかる《ルール 1》。

7. 正解 (A)

この設問では何をスキャニングするべきなのかがはっきりしない。このような設問ではざっと選択肢を読んでから，文書をスキミング《ルール 3》。その後，本文の内容を選択肢と一つ一つ照らし合わせていこう。本文の最初に our two new branch offices「2 つの新支店」とあり，2 つの新支店についての入札の案内であることがわかる。

設問の訳　フィデリティ保険について何がわかるか。
(A)　2 つの新しい事業所を開店準備中である。
(B)　企業向け保険を専門とする。
(C)　本社は首都ワシントンにある。
(D)　メリーランド州ロックビルの事業所は閉鎖が予定されている。

8. 正解 (C)

依頼に関する表現をスキャニングしていこう《ルール 2》。本文第 1 段落の第 1 文の We would like to... という表現から，フィデリティ保険はグリーン氏にオフィス家具の見積もりを依頼していることがわかる。よって，(C) が正解。

設問の訳　グリーン氏が依頼されたことは何か。
(A)　カタログの送付。
(B)　保険の見積もり。
(C)　フィデリティ保険へのオフィス家具納入。
(D)　アレクサンドリアの事業所への配送の手配。

9. 正解 (D)

設問 8. に続き，さらに ask for, request など依頼に関する表現のスキャニングを続けよう《ルール 2》。本文第 2 段落の終わりの 1 文 We also ask that you include a photograph and catalog description for any substitution. の内容が選択肢 (D) と一致する。本文中の catalog が items「品目」に，for any substitution「代替品に対する」

が to be substituted「代替される」にそれぞれパラフレーズされていることに注意しよう《ルール6》。

設問の訳 ピーターソン氏が依頼したことは何か。
- (A) 必要品目のリスト
- (B) もはや入手不可能な品
- (C) 保険をかける品目の写真
- (D) 代替品の詳細な説明

10. 正解 (B)

納期についての設問。質問文のキーワード deadline「締め切り日」や時期に関する語句を本文からスキャニングしよう《ルール2》。レターの終わり近くに …arrive at our office no later than March 20. とあり，(B) が正解。本文中の no later than ~ は「遅くとも~までに」という意味で，deadline のパラフレーズである《ルール6》。

設問の訳 ピーターソン氏の設けた締め切り日はいつか。
- (A) 2月14日
- (B) 3月20日
- (C) 4月1日
- (D) 注文を受け取ってから2週間後

730 設問 11 - 12 は次のグラフに関するものです。

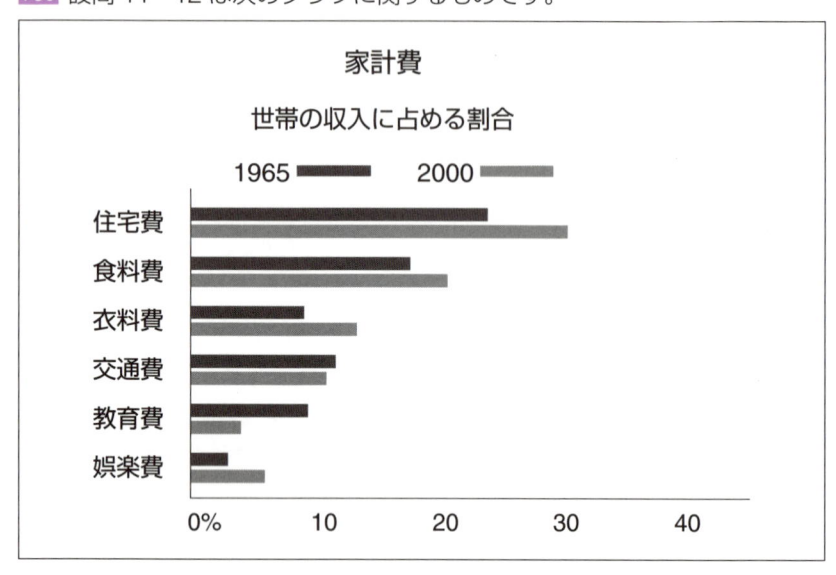

家計費
世帯の収入に占める割合

(グラフ：1965年と2000年の住宅費・食料費・衣料費・交通費・教育費・娯楽費の割合)

【語句・用語】**household expenses** 家計費／**household income** 世帯の収入／**housing** 住宅(費)／**food** 食料(費)／**clothing** 衣料(費)／**transportation** 交通(費)／**education** 教育(費)／**entertainment** 娯楽(費)

■読解のポイント

Household Expenses というグラフのタイトルから，「家計費」に関する統計資料だとわかる。1965 年と 2000 年の収入に対する各項目の増減を比較したグラフである。図表の問題では，図表の目的・見出しをきちんと理解することがポイントである《ルール 1》。

11. 正解 (D)

質問文に housing とあるので，housing に関する部分に注目。住宅費が家計費に占める割合は増大しているので，(D) が正解である。(A) に関しては，増えてはいるものの 3 倍にはなっていないので間違い。

設問の訳　住宅費について，グラフから何が読み取れるか。
(A) 1965 年から 2000 年にかけて住宅費は 3 倍に増えた。
(B) 2000 年の持ち家比率は 1965 年より増えた。
(C) 1965 年には，家族は 2000 年より狭い家に住んでいた。
(D) 2000 年の平均的家庭の住宅費が収入に占める割合は 1965 年より増えた。

12. 正解 (A)

選択肢を一つ一つ確認していこう。2000年の娯楽費を見ると，1965年の約2倍になっているので，(A) が正解。average family という表現が気になるかもしれないが，特別に注記がない場合は，統計データでは平均的な家庭が調査対象と思ってよい。このグラフは「割合」を比較しているので，「教育費」「娯楽費」などの額を比較することはできない。したがって，(D) のような選択肢は不自然。

設問の訳 グラフによると，娯楽費について言えることはどれか。
(A) 2000年の平均的な家庭が娯楽に使う経費は1965年の2倍である。
(B) 1965年とくらべ，娯楽の選択の幅は2000年の方がはるかに広がった。
(C) 2000年の平均的家庭が教育にかける費用は娯楽より多い。
(D) 1965年には，教育は娯楽よりも高価であった。

730 設問 13 - 14 は次の広告に関するものです。

> オフィススペースがすぐに利用可能です。このロフトはガーメント地区にあり，広さ 5,250 平方フィートで，天井は高さ 12 フィートです。西 38 番通りのシュレーダービルの 5 階にあります。ビルにはエレベーター，大きな窓があり，直射日光も入ります。詳細情報は，シティフィート不動産（電話：(212) 624 - 9387）のマイクまで。

【語句・用語】**available** 利用可能な／**be located in [on]** 〜 〜にある

■ 読解のポイント

指示文に "the following advertisement" とあるように，広告の問題。広告では，「広告されている商品，サービスは何か」「その商品，サービスにはどのような特徴があるか」ということを把握すること《ルール 1》。

13. 正解 (D)

文書の全体的な理解を問うタイプ 2 の設問である《ルール 3》。設問 14. をまず解き，その後に設問 13. に戻ってくるとよい《ルール 7》。

設問の訳 何が広告されているか。
(A) ビジネス
(B) 建物
(C) アパート
(D) オフィススペース

14. 正解 (A)

The building has an elevator, large windows, and direct sunlight. から，日当たりは良いことがわかる。よって (A) が正解。

設問の訳 このビルについて正しくないのはどれか。
(A) 十分に遮光されている。
(B) エレベーターがある。
(C) 大きな窓がある。
(D) ガーメント地区にある。

⇒ 設問 13. に戻って検討してみると，これは空きオフィスの広告であることがわかる。よって，正解は (D)。

900 設問 15 - 18 は次の表に関するものです。

2007 年　南東部地域連盟会計報告
2007 年 2 月 26 日
SERA 出納長　ジャネット・ウィルキンソン作成

期初残高：**1579** ドル **58** セント
　会計上の不一致 5 ドル 88 セントを含む
　見つかった現金 100 ドルを含む

収入：
SERA 年次カーニバル 620 ドル
　銀行利子 13 ドル 32 セント
　総収入：633 ドル 32 セント

支出：
SCCI 助成金　200 ドル
　アラン・クレッスラー助成金　200 ドル
　賞金　200 ドル
　授賞式関連用品　8 ドル 64 セント
　ウェブスペース　15 ドル
　コピー費用　12 ドル 50 セント
　総支出：636 ドル 14 セント

期末残高：**1576** ドル **76** セント

【語句・用語】**treasurer** 会計係，出納責任者／**beginning balance** 期初残高／**accounting** 会計／**discrepancy** 不一致／**income** 収入／**annual** 年 1 度の／**interest** 利子／**expense** 費用，支出／**grant** 助成金／**ending balance** 期末残高

■ 読解のポイント

表を使った問題。このような問題では，頭から読んでいく必要は全くない《ルール 1》。表の全体像を把握したら，スキャニングで該当部分のみを見て必要な情報を探していこう《ルール 2》。

15. 正解 (B)

「正しいのはどれか」という設問では何をスキャニングするべきなのかがはっきりしない。そこで，文書を最初からスキミングし《ルール3》，文書の内容を選択肢と一つ一つ照らし合わせていこう。Prepared by Jeannette Wilkinson, Treasurer とある。ここさえ見つかれば，すぐに正解にたどり着けるだろう。

設問の訳　この報告について正しいのはどれか。
(A)　ファックスで送信された。
(B)　出納長によって作成された。
(C)　すべての収入は基金募集活動によってもたらされた。
(D)　一部の所得は予想された見積もりに基づいていた。

16. 正解 (B)

total income がキーワードである《ルール2》。表をスキャニングすると，Income という見出しの下に Total Income という項目が見つかる。

設問の訳　今年度のクラブの総収入はいくらか。
(A)　620 ドル
(B)　633 ドル 32 セント
(C)　636 ドル 14 セント
(D)　1,576 ドル 76 セント

17. 正解 (B)

「お金を支出しなかったもの」はどれかとたずねているので，支出（Expenses）の項をスキャニングし《ルール2》，そこに含まれていない項目を答えればよい。Expenses という項を見ていくと，A carnival あるいはその相当項目は見当たらない。

設問の訳　次のうち，SERA が支出しなかったものはどれか。
(A)　助成金
(B)　カーニバル
(C)　ウェブサイト
(D)　賞金

18. 正解 (B)

$5.88 を表からスキャニングしよう《ルール 2》。Includes accounting discrepancy of $5.88 とある。これは，「会計上の不一致が 5 ドル 88 セントあった」ということ。選択肢と照合していくと，accounting discrepancy をパラフレーズした (B) が見つかる《ルール 6》。

設問の訳　5 ドル 88 セントという数字は何を示しているか。
(A)　前年度の貸付金から支払われた現金
(B)　基金にあった説明できないお金
(C)　銀行口座の利子から生み出された収入
(D)　次年度の報告に追加される費用

・treasury.

730 設問 19 - 23 は次の広告と e メールに関するものです。

フィールグッド・カイロプラクティック

私たちは痛みを治療します：

- ▶ 腰
- ▶ 足
- ▶ 頭
- ▶ 首
- ▶ 肩
- ▶ 背中下部

私たちは，オーダーメイドの靴の中底も作ります。
今日気持ち良くなりましょう。最初のご来店は無料です。

129 North Shore Drive
937-4872 まで電話をして，今日予約を取りましょう。
具体的なご質問は，ゲーリー・マラード医師まで e メールでどうぞ
(drgary@feelgood.com)。

【語句・用語】**chiropractor** 脊柱(せきちゅう)指圧師／**treat pain** 痛みを癒やす／**custom** オーダーメイドの／**insole** 靴の中底

送信者：ミシェル・ルイス [michelle123@gmail.com]
受信者：drgary@feelgood.com
件　名：足の痛み

マラード医師

　貴医院の広告を新聞で見て，そちらでオーダーメイドの靴の中底を作っていらしゃることを知りました。私はイギリスの医師に作ってもらった慢性的な足の痛み用の中底を持っているのですが，同じようなものを欲しいと思っています。その中底を持って行ったほうがいいですか？ それとも，私の足から作っていただけますか？

　もう一つ，そちらではドレスシューズ用の特別な中底をお作りになるのでしょうか。私はオフィスで働いておりまして，おしゃれな靴に合うような十分に薄い，特別なサポート用の中底を欲しいと思っています。

　お時間をありがとうございました。

よろしくお願いいたします。
ミシェル・ルイス

【語句・用語】**chronic** 慢性的な／**similar** 類似した

■ 読解のポイント

double passage 問題である（double passage 問題の攻略法に関しては，ルール 11「Double Passage 問題では，2 つの文書の関係を把握せよ！」・ルール 12「Double Passage 問題では，正解にかかわる文書を判断せよ！」を参照）。広告の最後に照会先として Dr. Gary Mallard とあり，e メールは Dr. Mallard あてのものである。このことから，e メールが広告に直接応答しているものであることが想像できる。1 つ目の文書はカイロプラクティックの広告，2 つ目の文書はルイスさんからそのカイロプラクティックへの問い合わせの e メールである。

19. 正解 (D)

カイロプラクティックのサービス内容に関する質問なので，その広告を見ればよいと想像できる。この設問では pain, treat がキーワードである。広告を見ると，We treat pain: として治療部位一覧がある。ここから，このリストにないものが正解であることがわかる。

設問の訳　マラード医師が治療しないかもしれない痛みはどれか。
(A)　腰
(B)　首
(C)　背中下部
(D)　胃

20. 正解 (A)

この質問もカイロプラクティックのサービス内容に関するものなので，広告から特典に関する内容をスキャニング。Your first visit is free. が該当する。

設問の訳　この医院が提供する特典はどれか。
(A)　初回の無料診断
(B)　オーダーメイド靴のセール
(C)　診断つきの無料足マッサージ
(D)　50 パーセント引きのオーダーメイド中底

21. 正解 (B)

ルイスさんについての質問なので，e メールから see, advertisement およびその関連語句をスキャニングすればよい。冒頭の I saw your advertisement in the newspaper... に正解がある。

109

設問の訳　ルイスさんはこの広告をどこで見つけたか。
(A)　雑誌で
(B)　新聞で
(C)　インターネットで
(D)　健康ショップで

22. 正解 (B)

これもルイスさんについての質問なので，e メールから場所に関する語句をスキャニングしよう。I have insoles from my doctor in England... から，イギリスに医師がいるということがわかる。

設問の訳　ルイスさんのかかりつけ医師はどこにいるか。
(A)　ノルウェー
(B)　イギリス
(C)　アイルランド
(D)　フィンランド

23. 正解 (D)

これもルイスさんについての質問なので，e メールの中に正解がある。e メールをスキミングし，ルイスさんの相談内容を把握しよう。e メールの内容をまとめると，第 1 段落は「現在持っているものと似た中底を作ってほしい」，第 2 段落は「ドレスシューズ用の特別な中底を作ってほしい」となり，どちらも中底に関するものである。chronic foot pain についても触れているため，(A) も一見正解のようだが，問い合わせの中心は足の痛みよりも中底の方である。

設問の訳　ルイスさんは何についてたずねているか。
(A)　自分の足の痛み
(B)　自分のドレスシューズ
(C)　慢性的な背中の痛み
(D)　オーダーメイドの靴の中底

SECTION 2

基礎的な英語能力の底上げを目指す

ルール8〜10　　　　　　113
Practice Test SECTION 2　138

SECTION 2 ▶▶▶▶▶▶▶▶▶▶▶▶ ルール8〜10
基礎的な英語能力の底上げを目指す

　セクション2では，PART 7を攻略する上で基盤となる基礎的な英語能力の底上げを目指す。具体的には，「文法」「語彙」「つなぎ言葉」を取り上げる。

　TOEICのPART 7を攻略する上で，セクション1で学習したスキャニングやスキミングといったテクニックを活用することは大切である。しかし，テクニックだけではTOEICで高得点を取ることはできない。テクニックを身につけることに加えて，基礎的な英語能力の底上げも欠かせない。

1 文法

　TOEICのPART 7を攻略する上で鍵となる文法事項を押さえる。具体的には，「関係代名詞と分詞」「分詞構文」「仮定法現在」について取り上げる。
➡ ルール8 「ポイントとなる文法事項を押さえよ！」（→ P.113）

2 語彙

　語彙力はリーディングの基礎力となる非常に重要な要素である。TOEICで頻繁に出題される「ビジネス語句」と注意が必要となる「トリッキーな単語」について主に取り上げる。
➡ ルール9 「単語の知識を活用せよ！」（→ P.122）

3 つなぎ言葉

　英文を正しく解釈するためには，本文の論理展開を正しく把握することが欠かせない。論理展開を理解する上で鍵となる，「つなぎ言葉」について取り上げる。
➡ ルール10 「つなぎ言葉に注目せよ！」（→ P.132）

ルール 8

ポイントとなる文法事項を押さえよ！

PART 7 を攻略する上で鍵となる文法事項について見ていこう。

鍵となる文法事項

文法力がなくては速く読むことも正解の根拠を素早く判断することも難しい。英文読解にも文法力が必要となってくる。

文法事項の中でもとくに PART 7 を攻略する上で鍵となるものは「関係代名詞と分詞」「分詞構文」「仮定法現在」の3つである。

POINT 1 関係代名詞と分詞を押さえよう

セクション1のルール6ですでに見たとおり，PART 7 の本文の内容から選択肢を検討するまでの流れの過程にはパラフレーズ（言い換え）が多用されている。パラフレーズを見破る上で鍵となるのは，関係代名詞 (which ／ who ／ that) と分詞（現在分詞：*do*ing，過去分詞：*do*ne）に関する知識である。

■関係代名詞と現在分詞のパラフレーズ

次の例文を見てみよう。

I have a friend | **who** lives in the United States.
| **living** in the United States.

「私にはアメリカ合衆国に住んでいる友達がいる」

この例で，a friend **who** lives in the United States と a friend **living** in the United States は，同じ意味である。このように，関係代名詞と分詞を利用したパラフレーズは出題されることがあるので押さえておこう。

■**関係代名詞と過去分詞のパラフレーズ**
今度は関係代名詞と過去分詞の関係を見てみよう。

My sister bought a dress | **which** was made in Paris.
                         | **made** in Paris.

「私の姉［妹］はパリで作られたドレスを買った」

　過去分詞も現在分詞と同じように，関係代名詞をパラフレーズする際に使用される。ただし，過去分詞には受け身の意味が内包されていることに注意しよう。

Exercise 関係代名詞と分詞のパラフレーズを練習しよう

(1)〜(8) の文の太字部分をパラフレーズしてみよう。

(1) Conformity is weakest at the top and bottom of a hierarchy **based** on status.
   (**based** ⇒　　　　　　　　　　　　　　　　　　　　　　　)
   「社会的地位に基づく階層の最上部と底部において，規範の力は最も弱くなる」

(2) What was interesting was the identities of the analysts **who advised** the investors to sell.
   (**who advised** ⇒　　　　　　　　　　　　　　　　　　　　)
   「興味深かったのは，投資家に売りを勧める証券アナリストの正体であった」

(3) If you are wondering what to do with a stock, seek the advice of the analysts **ranked** at the bottom.
   (**ranked** ⇒　　　　　　　　　　　　　　　　　　　　　　　)
   「もし株の扱いに迷っているのだったら，最低ランクの証券アナリストのアドバイスを聞いてごらんなさい」

(4) The iris is the colored part of the eye **surrounding** the pupil.
   (**surrounding** ⇒　　　　　　　　　　　　　　　　　　　　)
   「虹彩とは，瞳孔の周囲の色のついた眼球の部分のことである」

(5) He is a chief technology officer at the institute **which licenses** the iris-scanning technology.
(**which licenses** ⇒   )
「彼は虹彩による認証システムをライセンス供与する研究機関で技術主任をしている」

(6) The International Air Transport Association will conduct a trial **which is expected** to last for six months.
(**which is expected** ⇒   )
「国際航空輸送協会は，6か月間は続くと見られる試験的採用を実施するだろう」

(7) I have indicated the items **needing** clarification.
(**needing** ⇒   )
「説明が必要な項目はその旨，記してある」

(8) I know that policy is for sales reps to absorb any price reductions **made** without prior approval.
(**made** ⇒   )
「わが社の方針では，事前承認のない値引きは，担当の販売代理店が負担することになっていることはわかっている」

【解答例】
(1) which [that] is based
(2) advising
(3) who [that] are ranked
(4) which [that] surrounds
(5) licensing
(6) expected
(7) which [that] need
(8) which [that] *are / were* made

POINT 2 分詞構文を押さえよう

　同じくパラフレーズの際に使用される文法事項として，分詞構文がある。次の例文を見てみよう。

To celebrate our Grand Opening, Lumber Hut is having a HUGE sale on our entire inventory.
「開店祝いとして，ランバー・ハットはすべての商品を対象とした大セールをおこないます」

　上の例文は，以下のようにパラフレーズが可能である。
⇒ **Celebrating** our Grand Opening, Lumber Hut is having a HUGE sale on our entire inventory.
⇒ Lumber Hut is having a HUGE sale on our entire inventory, **celebrating** our Grand Opening.

　分詞構文を利用したパラフレーズの例を，ほかにも見てみよう。

The recent blizzard kept many government offices closed last week and reduced the number of days jobless workers could apply for benefits.
「この前のブリザードのために，先週は役所の多くが閉鎖されたままとなり，失業者が手当の申請をできる日が少なくなってしまった」
⇒ The recent blizzard kept many government offices closed last week, **reducing** the number of days jobless workers could apply for benefits.

　分詞構文は文語的な表現であるが，TOEIC のリーディング・セクションにおける頻出文法事項の1つなので用法に十分習熟してほしい。

POINT 3 仮定法現在に注意しよう

　「勧告・提案・要求・主張・命令・願望」などを表す動詞に that 節が続く場合，that 節の中では仮定法現在（動詞の原形）を用いる。例えば，以下のようなケースである。

He **demanded** that she **tell** the truth.
「彼は彼女が真実を話すことを要求した」

that 節の中では動詞の原形を用いるため，she told the truth や she tells the truth とはならないことに注意しよう。上のような場合に仮定法現在を用いるのは，that 節の内容が事実をそのまま述べるわけではなく，筆者の心の中で想定された心理的内容を表現しているためである。

※イギリス英語では通例，〈should + 原形〉（上の例では，she should tell the truth）となる。

that 節が否定文になる際には，とくに注意が必要である。

They **recommend** that the number of doctors and nurses **be reduced**.
「彼らは医師と看護師の数を減らすように勧告している」

上の文で that 節を否定の形にすると，以下のようになる。not の位置に注意しよう。

They **recommend** that the number of doctors and nurses **not be reduced**.
「彼らは医師と看護師の数を減らさないように勧告している」

PART 7 では，幅広い場面でこの構文が出題される。例えば会社の方針に対する「アドバイス・勧告」，企画書での「提案」，請求書・督促状での「要求・請求・（強い）依頼」，自社の「主張」，従業員への「命令」などの場面で見られるが，これらの意味を持つ動詞に続く that 節の中では仮定法現在の時制が用いられる。以下に具体例を見ていこう。

■勧告・提案・要求などを表す動詞

1 **勧告・アドバイス**： advise, recommend
2 **提案**： suggest, propose
3 **要求・依頼**： require, request, demand, ask

The chief judge **requested** that spectators **be** quiet.
「観客に対して主審は静粛を求めた」
We **ask** that you **prepare** a 30-minute address for annual General meeting.
「私どもの年次総会で 30 分の講演をご準備いただければと思います」

4 **主張**： insist

They **insist** that major changes **be** made concerning residency programs in the United States.
「彼らは米国の研修医のプログラムについて，大きな変更が必要だと主張している」

5 **命令**： order
6 **願望**： desire

■形容詞とともに仮定法現在を用いる場合
　TOEIC での使用頻度はそれほど高くはないが，重要性・必要性・妥当性などを表す形容詞（essential, desirable, important, necessary, vital など）を that 節とともに使う際にも，仮定法現在が用いられる。具体的には，以下のような例である。

It is **essential** that all of us **agree** to the proposal.
「われわれ全員が一致してその提案に賛成することが必要不可欠だ」
It is **important** that there **be** no shortage of foodstuff.
「食料品不足にならないようにすることが重要だ」

例題　分詞構文を含むパラフレーズを見つけよう

The question refers to the following article.

Ask the Doctor!

Q: I know that nitroglycerin is an explosive invented in the 19th century, but it is also used as a heart medicine. My question is: Why do these people not explode?

A: According to Dr. Herbert Porter, chief of the cardiac diseases branch of the National Heart and Lung Institute, the amounts used in medicine are not large enough or concentrated enough to cause an explosion. "The nitroglycerin that is used medically comes as a tablet, <u>having been greatly diluted with fillers</u>. The body absorbs such a minute concentration that an explosion is impossible. Nitroglycerin acts by dilating blood vessels, <u>increasing</u> the blood supply to the heart and <u>reducing</u> the heart's workload, which thereby reduces blood pressure," says Dr. Porter.

Q. Why is nitroglycerin safe for heart patients?
(A) Human doses use concentrations that cannot explode.
(B) Nitroglycerin explosions help reduce blood pressure.
(C) The explosions caused by nitroglycerin are too small to do serious damage to the human body.
(D) Medicinal nitroglycerin has been chemically altered and is different from the explosive variety.

【語句・用語】**nitroglycerin** ニトログリセリン／**explosive** 爆発物／**cardiac disease** 心臓病／**concentrated** 集中した，濃縮した／**be diluted with ～** ～で薄められる／**dilate** 広げる，膨らませる

■読解のポイント

本文の最後から3文目、および最後の文で分詞構文が使われている。分詞構文を含む部分は、以下のように書き換えて解釈しよう。

The nitroglycerin that is used medically comes as a tablet, having been greatly diluted with fillers.
(= which has been greatly diluted…)

Nitroglycerin acts by dilating blood vessels, <u>increasing</u> the blood supply to the heart and <u>reducing</u> the heart's workload,…
(= which increases the blood supply … and reduces…)

レイアウトを見てみると、記事の **Q:** の部分では「なぜニトログリセリンを薬として服用しても人は爆発しないのか？」と質問が書かれており、**A:** の部分ではそれに対する回答が書かれている《ルール1》。ゆえに、**A:** の部分を見れば正解がわかる。

A: の第1文に、…the amounts used in medicine are not large enough or concentrated enough to cause an explosion. とあり、これをパラフレーズした (A) が正解。

正 解 (A)

訳 設問は次の記事に関するものです。

> ## お医者さんに聞きましょう！
>
> Q：ニトログリセリンは19世紀に発明された爆薬ですが，心臓の薬としても使われています。私の質問は，ニトログリセリンを服用した人はなぜ爆発しないのかということです。
>
> A：米国国立心肺研究所の心臓病部門の主任ハーバート・ポーター医師によると，薬に含まれるニトログリセリンの量は爆発を引き起こすほど多くもないし，また爆発するほど濃縮されてもいないということです。ポーター医師は次のように語っています。「医薬品に用いられるニトログリセリンは錠剤になっており，その錠剤の中身はさまざまな充てん剤で大幅に薄められています。人体が吸収するニトログリセリンの濃度はとても低いので，爆発することはあり得ません。ニトログリセリンの作用で血管が拡張する結果，心臓への血液の供給が増大して心臓の負荷を減少させます。そうすることで血圧が下がるのです」

Q. 心臓病の患者にとってなぜニトログリセリンは安全なのか。
(A) 人間の投薬量には爆発するほどの濃度がない。
(B) ニトログリセリンの爆発は血圧の低下を手助けする。
(C) ニトログリセリンによって起こる爆発はごく小規模なので，人体に深刻な被害を及ぼさない。
(D) 医薬用ニトログリセリンの組成は化学的に変化させられており，爆発する種類のニトログリセリンとは別物である。

SECTION 1 2 3

ルール 9

単語の知識を活用せよ！

語彙力はリーディングをおこなうための基礎力となる，非常に重要な要素である。**TOEIC** を攻略する上で欠かせない単語の知識を身につけよう。

攻略に求められる英単語の知識

TOEIC の PART 7 ではビジネス関連の語彙が頻繁に出題されるため，それらを押さえておけばスコアアップに直結する。また，一見簡単に見えるが，注意が必要な単語もしばしば出題される。TOEIC で頻繁に出題されるビジネス語彙，およびトリッキーな単語を整理しておこう。毎回 2～3 問程度必ず出題される，「単語の言い換え問題」対策も取り上げる。

POINT 1 ビジネス単語を押さえよう

TOEIC の特徴として，ビジネス関連の語句が頻繁に出題されることが挙げられる。例えば，ビジネスレターやｅメール，社内通知，広告，新聞，クレーム処理，イベント・スケジュール，人事，福利厚生，財務，金融，株式，販促，配送，出張などに関する表現はぜひ押さえておきたい。

1 経営・管理・人事・雇用・福利厚生・広報
- [ ] as of ～ 「○月○日付け（で）」
- [ ] branch office 「支社」
- [ ] business card 「名刺」
- [ ] CEO (= chief executive officer)「最高経営責任者」
- [ ] COO (= chief operating officer)「最高業務責任者」
- [ ] CFO (= chief financial officer)「最高財務責任者」
- [ ] Dept (= Department)「部」
- [ ] dispatch 「（人員などを）派遣する」
- [ ] diversify 「（～を）多角化する」

- ☐ effective from ～「～日付けで」
- ☐ entrepreneur「起業家」
- ☐ headquarters「本社」
- ☐ health insurance「健康保険」
- ☐ human resources「人材」
- ☐ inventory「在庫」
- ☐ labor management「労務管理」
- ☐ launch「(事業に)乗り出す」
- ☐ layoff「レイオフ,一時解雇」
- ☐ merger「合併」
- ☐ multinational (company)「多国籍企業」
- ☐ paid leave「有給休暇」
- ☐ payroll「給与総額,人件費」
  cf. on the payroll 雇われて
- ☐ personnel department「人事課」
- ☐ public relations「広報」
- ☐ questionnaire「アンケート」
- ☐ restructuring「リストラ,構造改革」
- ☐ Sect (= Section)「課」
- ☐ subsidiary「子会社」
- ☐ superior「上司」

2　経済・金融・株式・財務・税金・マーケティング・流通

- ☐ accounting firm「会計事務所」
- ☐ bankruptcy「破産」
- ☐ budget deficit「財政赤字」
- ☐ capital「資本,資本金」
- ☐ checking account「当座預金口座」
- ☐ customs declaration「税関申告」
- ☐ domestic「国内の」
- ☐ expenditure「支出」
- ☐ (farm) produce「(農)産物」
- ☐ fiscal year「会計年度」
- ☐ income tax「所得税」
- ☐ insurance benefits「保険給付金」
- ☐ insurance policy「保険証券」
- ☐ interest rate「金利」

SECTION 2　基礎的な英語能力の底上げを目指す

- ☐ labor force「労働力」
- ☐ market share「市場占有率」
- ☐ pension「年金」
- ☐ recession「景気後退」
- ☐ reimburse「払い戻す」
- ☐ remittance「送金」
- ☐ retailer「小売業者」
- ☐ revenue「収益」
- ☐ savings account「普通預金口座」
- ☐ securities firm「証券会社」
- ☐ start-up「新興の」
  - *cf.* a start-up business「新興企業」
- ☐ subsidy「補助金」
- ☐ tariff「関税」
- ☐ tax reduction「減税」
- ☐ tax revenue「税収」
- ☐ unemployment rate「失業率」
- ☐ unpack「開梱する」
- ☐ warranty「保証」
- ☐ wholesaler「卸売業者」

3 販売・営業・サービス・オフィス

- ☐ consumption「消費」
- ☐ electrical appliances「家庭電化製品」
- ☐ giveaway「景品」
- ☐ mail order「通信販売」
- ☐ office supplies「事務用品」
- ☐ quote「見積もる；見積もり」
- ☐ rebate「リベート」
- ☐ recycled paper「再生紙」
- ☐ replacement「交換」
- ☐ sales incentive「販売奨励金」
- ☐ sales pitch「(製品の)売り口上」
- ☐ sales promotion「販売促進」
- ☐ selling point「セールスポイント」
- ☐ stapler「ホチキス」

4　コンピュータ・インターネット・IT・通信
- [ ] apparatus「装置」
- [ ] cellular phone (= mobile phone)「携帯電話」
- [ ] information technology (= IT)「情報通信技術」
- [ ] on-line trading「オンライン取引」
- [ ] peripheral「周辺機器」

POINT 2　トリッキーな単語に注意しよう

ビジネス英語では，基本的な単語でも特別な意味で使われることがある。例えば，chapter は「(本の) 章」，plant は「植物」という意味が一般的だが，ビジネスの分野ではそれぞれ「支部」，「工場」という意味で使われる。このように，一見簡単に見えるが，注意を要する単語も押さえておこう。

1　多義語 ── 基本的な単語でも特別な意味で使われることがあるので注意！
- [ ] address ［名］住所，アドレス ⇒ ［動］取り組む (deal with)，問題提起する，発言する　cf. We have addressed the problem of racial discrimination.「われわれは人種差別の問題を取り上げた」
- [ ] appreciate　賞賛する ⇒ 通貨相場が上がる（［反］depreciate）
- [ ] a rainy day　雨の日 ⇒ 困窮時
  cf. save money for a rainy day
- [ ] assembly　集会 ⇒ 部品の組み立て
  cf. assembly line
- [ ] attorney　代理人 ⇒ 弁護士
- [ ] benefit　利益，特典 ⇒ 手当
  cf. security benefits「社会保障手当」
- [ ] bill　法案，紙幣 ⇒ 請求書
- [ ] climate　気候 ⇒ 情勢 (= circumstances)
- [ ] close　(〜を) 閉じる ⇒ (契約を) 締結する
  cf. close a deal
- [ ] commission　委員会 ⇒ 手数料
- [ ] compensation　補償金 ⇒ 給料
- [ ] condition　状態 ⇒ 条件
  cf. working conditions「労働条件」
- [ ] employ　(〜を) 雇用する ⇒ (〜を) 使う
  cf. employ a new procedure「新方式を採用する」
- [ ] fair　［形］公明正大な ⇒ ［名］見本市

- [ ] file ファイルする ⇒ 提訴する
  cf. file a suit「訴えを起こす」
- [ ] forward 進める ⇒ 転送する
  cf. forward *one's* mail to ～
- [ ] interest 興味 ⇒ 利子，利息
- [ ] maintain (～を)維持する ⇒ (that節を伴って)(～と)主張する
- [ ] margin 余白 ⇒ 利ざや，マージン
- [ ] party パーティ ⇒ 関係者
  cf. the parties concerned「当事者たち」
- [ ] policy 方針 ⇒ 保険証券(の約款)
- [ ] property 財産，所有物 ⇒ 土地，地所
- [ ] quarter 4分の1 ⇒ 四半期
- [ ] room 部屋 ⇒ 余地，スペース
  cf. leave much room for discussion「十分に議論の余地を残す」
- [ ] security 安全，警備 ⇒ 有価証券
  cf. government securities「国債」
- [ ] settle 定住する ⇒ 決済する
- [ ] shortcut 近道 ⇒ 簡便な方法
- [ ] sound [名] 音 ⇒ [形] 堅実な
  cf. sound economy「堅実な経済」
- [ ] union 統合 ⇒ 労働組合
- [ ] yield to [動] ～に譲歩する
  cf. yield [名] 株の配当率，利回り

2 意味が似ている語

── パラフレーズを使った設問では，概念の似た語句が解答する上でのポイントになる《ルール6》。

- [ ] conference 会議 ⇔ meeting
- [ ] modify 変える ⇔ change

3 スペリングが似ていて紛らわしい語

── 見た目は似ていても，意味は異なるので注意。

- [ ] confirm (～を)確認する ⇔ conform 従う
  cf. conform with the rules
- [ ] compatible 矛盾しない ⇔ competitive 競争の激しい
- [ ] complement 補完 ⇔ compliment 賛辞

- ☐ comply 従う ⇔ imply （〜を）言外に含む
  cf. comply with the regulation「規定に従う」
- ☐ considerate 思いやりのある ⇔ considerable 数量がかなりの
- ☐ immigrant 外国からの移住者 ⇔ emigrant 外国への移住者
  cf. an immigrant from Japan, an emigrant to the US
- ☐ inference 推論 ⇔ reference 言及
- ☐ inherent 生来の ⇔ coherent （議論などが）首尾一貫した
- ☐ preside at／over 〜の議長を務める ⇔ reside 住む
- ☐ refute （〜に）反論する ⇔ refuse （〜を）拒む
  cf. refute an argument「議論に反論する」
- ☐ remit （〜を）送金する ⇔ emit （熱・光などを）放射する

POINT 3 「単語の言い換え問題」を攻略しよう

PART 7 では，「単語の言い換え問題」と呼ばれるタイプの設問が毎回 2〜3 問程度出題される。「単語の言い換え問題」とは，以下のような問題のことである。

Q. The word "toxic" in the last paragraph is closest in meaning to which of the following?
 (A) sufficient   (B) poisonous
 (C) industrial   (D) proficient

訳 最終段落の toxic「有毒の」と最も近い意味の単語は次のうちどれか？
 (A) 十分な   (B) 有毒の
 (C) 工業の   (D) 熟達した

上の設問では，toxic とほぼ同じ意味の (B) poisonous を選べばよい。単語の言い換え問題を解く上では，以下の 2 点に気をつけること。

1.「完全に意味が同じ」単語ではなく，「最も意味が近い」語を選ぶこと

このタイプの設問では，選択肢の中で最も意味が近い語を選ぶことが求められる。設問で問われている単語と意味が完全に同じでなくてもよいということに注意しよう。例えば上の例題では poisonous が正解になるが，toxic と poisonous は全く意味が同じというわけではなく，細かい用法やニュアンスの違いがある（例えば，poisonous は「悪意のある」「不快な

という意味でも用いられるが，toxic には通常そのような用法はない）。
　「単語の言い換え問題」を攻略する上では，類語間の微妙なニュアンスの違いを気にする必要はない。4つの選択肢の中で最も意味が近い語を消去法で選ぶようにしよう。細かい意味の違いにとらわれて，あまり深く考えすぎてはいけない。

2. 事前に前後の文脈を確認すること
　設問で問われている単語が多義語（複数の意味を持つ単語）の場合もある。多義語は文脈によって意味が変わるので，選択肢を検討する前に必ず前後の文脈を確認しよう。

　「単語の言い換え問題」は，通常は1回の試験で2〜3問程度しか出題されない。スコアに占める比重はそれほど高くはないので，普段から特別な対策をする必要性はあまりない。
　どうしてもこのタイプの設問に苦手意識がある場合は，類義語辞典や英英辞書を普段から引くようにするとよいだろう。

例題 単語の言い換え問題に挑戦しよう

The question refers to the following letter.

Value-Mart Department Store
702 Southwest Eighth Street
Bentonville, AR 72716-8611

Dear Customer Service,

On November 24, my husband and I purchased a Panatro 24-inch model 6SJ7-4444 television set from your store. I am enclosing a copy of the sales receipt.

My husband and I are both in our seventies, and we appreciated the help we received loading the TV into our car. We imposed on a neighbor to assist us in bringing it into our house.

As soon as we plugged it in, we realized the set was defective.

I am writing to find out if someone from Value-Mart can pick up the set from our home to return it to the store.

We are frequent customers at Value-Mart and have been for many years. We appreciate the extras Value-Mart extends to senior citizens, and hope you can accommodate us.

Please advise.

Sincerely,
Greta Colburn

Q. The word "accommodate" in the last paragraph is closest in meaning to which of the following?
 (A) aid
 (B) repair
 (C) furnish
 (D) qualify

【語句・用語】**purchase** 購入する，購入／**enclose** 同封する／**load**（荷物）を載せる／**impose** 課す／**defective** 欠陥の／**pick up** 〜 〜を引き取る／**frequent** 頻繁な／**accommodate** 便宜を図る，親切にする

■読解のポイント

単語の言い換え問題である。accommodate は「収容する」「宿泊させる」「適応させる」などの意味を持つ多義語だが，ここでは aid が最も近い。repair, furnish はこの手紙の主題となっている TV と一緒に使うことが多い単語だが，それだけで (B) (C) を選んではいけない。前後の文脈を確認しよう。

正解 **(A)**

訳 設問は次の手紙に関するものです。

バリューマート・デパート
702 Southwest Eighth Street
Bentonville, AR 72716-8611

拝啓
顧客サービス係御中

夫と私は11月24日に，パナトロ24インチ型6SJ7-4444のテレビセットを貴店より購入しました。領収書のコピーを同封します。

夫と私はともに70代で，テレビを車に積む際に手伝っていただいたことに感謝しています。テレビを家の中に運ぶ際には，近所の人に手伝ってもらったくらいですから。

テレビをつないでみると，すぐに欠陥品であることに気づきました。

どなたかバリューマートの方にテレビセットを家から運び出して，お店に返品していただけないかと思いまして，お手紙を書いております。

私たちはこれまで長年にわたって貴店でたびたび買物をさせていただいております。貴店の高齢者へのご配慮をありがたく思っており，私たちに便宜を図っていただきますようお願いいたします。

アドバイスをお願いします。

敬具
グレタ・コルバーン

Q. 最終段落の "accommodate" と最も近い意味の単語は次のどれか。

(A) 援助する
(B) 修理する
(C) 必要なものを備える
(D) 資格を与える

SECTION 1 2 3

|ル|ー|ル|10|

つなぎ言葉に注目せよ！

「つなぎ言葉」に注目して文書の論理展開を正しく把握しよう。

つなぎ言葉の重要性

　「つなぎ言葉」とは「記述内容の展開や方向性を指し示す語句」のことである。
　PART 7 の長文を正しく解釈するためには，文書の論理展開を正しく把握することが欠かせない。論理展開を理解する上では，話の方向性や展開などを示すつなぎ言葉が鍵となる。

■つなぎ言葉をチェック
　つなぎ言葉はその果たす役割によっていくつかのグループに分類できる。

1　順序・列挙
- □ First, ／ Firstly, ／ First of all, ／ To begin with, ／ In the first place,「初めに」
- □ Second, ／ Secondly,「第 2 に」
- □ Third, ／ Thirdly,「第 3 に」
- □ Finally, ／ Lastly,「最後に」

2　概括・一般化
- □ In general, ／ Generally speaking, ／ To put it in general terms, ／ On the whole,「概して」

In general, the Japanese are hardworking people.
「概して日本人は勤勉な国民である」
- □ In many cases,「多くの場合」
- □ In most cases,「ほとんどの場合」

3　例示・例証

- ☐ For example, ／ For instance, ／ As an example [illustration]
「例えば」

US Airways employees in Charlotte, North Carolina, **for example,** are using 〜．
「例えば，ノースカロライナ州シャーロットの US エアウェーズの従業員は〜を使用している」

4　言い換え

- ☐ That is, ／ That is to say, ／ In other words, ／ To put it another way,「つまり」「言い換えると」

5　比較・対照

- ☐ On the other hand, ／ On the contrary,「反対に」
- ☐ In contrast (to 〜),「〜とは対照的に」

Patricia is a pretty sociable woman. **On the contrary,** Juliet shies away from social gatherings.
「パトリシアはかなり社交的な女性だが，反対にジュリエットは人の集まりを敬遠する」

6　原因・結果

- ☐ because of this ／ for this reason「このために」
- ☐ As a result, ／ Therefore, ／ Thus, ／ Consequently,「したがって」
- ☐ … so that 〜「…した結果〜」

The system was designed to link with airline databases **so that** when a passenger checked in, flight and seat numbers could be retrieved instantly.
「そのシステムは，航空会社のデータベースにリンクするように設計されていたので，乗客がチェックインするとすぐに搭乗便と座席の番号が検索できた」

7　追加

- ☐ moreover, ／ besides, ／ furthermore, ／ in addition,「その上，さらに」

She wrote dozens of million-seller books and **besides,** she married a millionaire.「彼女は数十冊のミリオンセラーを書き，その上，大富豪と結婚した」

- ☐ in addition to 〜,「〜に加えて」

8 結論・要約
- [ ] After all, 「結局」

After all, there is no place like home.「結局わが家に勝る場所はない」
- [ ] In conclusion, 「結論として」
- [ ] To sum up, ／ In short, ／ To put it shortly, 「要するに」

9 逆接
- [ ] however, 「しかし，しかしながら」
- [ ] (and) still 「それでもなお」

10 類似
- [ ] in the same way ／ similarly 「同様に」

例題 つなぎ言葉に注意しながら問題を解いてみよう

The question refers to the following article.

Jacque Delain — Early Film Pioneer

While not much of his work survives, there is enough of the director Jacque Delain's early work in museums and private collections to suggest that he played an important role in the early history of film.

Although many pioneering filmmakers had either technical or stage backgrounds, the French-born Delain had been trained in drawing and design, and had worked as a book illustrator before entering movies in 1912. <u>As a result,</u> his work has a more developed visual quality than that found in the works of his contemporaries. His compositions show careful attention to the placement of objects, and have a great feeling of depth and space; his lighting is dramatic and adds a sense of dimension and proportion — much like the style the Germans would label "expressionism" a few years later.

Q. Which part of Delain's technique does the writer of the passage praise?
(A) His editing
(B) His lighting
(C) His script writing
(D) His set decoration

【語句・用語】**survive** 生き残る／ **collection** コレクション／ **play a role** 役割を果たす／ **pioneering** 先駆けとなる，草創期の／ **filmmaker** 映画制作者，映画監督／ **background** 経歴／ **contemporary** 同時代の人／ **composition** 作品／ **dimension** 広がり，局面，次元／ **proportion** 調和

■読解のポイント

第2段落の第2文，<u>As a result,</u> というつなぎ言葉に注目しよう。
「初期の映画制作者の多くが技術や舞台出身であったが，ディレーンには美術の経歴があった」
⇒　「<u>その結果</u>，ディレーンの作品はほかの監督の作品とくらべると，より視覚的に優れていた」
という流れになっている。第2段落の後半は，ディレーンの作品が視覚的にどのように優れていたのかということを詳しく説明している。
この記事の後半では難しい語句も使われており，一見難解である。しかし，As a result,... の前後で論旨がどのように展開しているのかを読み取れば，すんなりと理解することができるであろう。
第2段落の後半で，作者はディレーンの作品について論評している。visual quality, composition なども褒めているが，選択肢にあるのは lighting である。

正解 **(B)**

訳 設問は次の記事に関するものです。

ジャック・ディレーン ― 早期の映画の先駆者

　映画監督ジャック・ディレーンの作品は多くは現存していないが，博物館や個人が所有する早期の作品は，ディレーン氏が初期の映画史において重要な役割を果たしたことを示唆するのに十分なものである。

　草創期の映画制作者の多くが技術もしくは舞台の経歴を持っていた中で，フランス生まれのディレーンは絵画とデザインの訓練を受けており，1912年に映画界に入る前には書籍のイラストレーターとして働いていた。その結果，彼の作品は彼の同時代人の作品とくらべ，視覚的に優れている。彼の作品では物の配置に細心の注意が払われ，奥行きと空間の感覚が素晴らしい。照明は劇的で，広がりと調和の感覚を与えている。ちょうどそれは，数年後にドイツ人が「表現主義」と呼ぶことになるスタイルにとても似ている。

Q. この文章の筆者はディレーンの技術のどの部分を称賛しているか。
(A) 編集
(B) 照明
(C) 脚本の執筆
(D) セットの装飾

Practice Test SECTION 2

文書を読み，質問に対して最も適切な答えを (A) (B) (C) (D) の中から１つ選びなさい。

Questions 1 - 4 refer to the following information.

Where To Get Your Water Tested

Companies that sell water-treatment equipment often offer a free or low-cost water analysis. Do not depend on that kind of test: The results may be biased. Instead, ask your water company, health department, or cooperative extension agency for a referral. You can also look in the Yellow Pages under "Laboratories—Testing," or contact a mail-order laboratory.

To get water tested by mail for lead content, contact any of the following:

Lead Testers Inc., Greensboro, NC, (910) 855-9872;
Environmental Water Services, Fresno, CA, (209) 256-8374;
Clean Water Corp., New York, NY, (212) 783-9758;
Water Analysis Inc., Wilmington, DE, (302) 645-3788.

Avoid do-it-yourself home-testing kits. Those currently on the market provide inconsistent results.

1. What is the problem with water tests provided by companies that sell water-treatment equipment?
   (A) They are often expensive.
   (B) They often fail to detect lead.
   (C) The companies have an interest in the outcome.
   (D) The cheaper ones are usually just as good as the more expensive ones.

2. What suggestion is made for people wanting a water test?
   (A) Have it done by the local health department.
   (B) Obtain a referral from the local water company.
   (C) Make sure the analysis is not done just after a heavy rain.
   (D) Ask a cooperative extension agency to do a complete analysis.

3. Where is Clean Water Corp. located?
   (A) Fresno
   (B) New York
   (C) Greensboro
   (D) Wilmington

4. What advice is given regarding do-it-yourself water-testing kits?
   (A) They should be avoided.
   (B) Follow the instructions carefully.
   (C) Buy them only from reputable dealers.
   (D) Have the results confirmed by an independent laboratory.

Questions 5 - 9 refer to the following article and e-mail.

Many people know that olive oil is essential to a healthy diet, but few know why.

The October issue of *Healthy Eating* magazine explains that olive oil contains a natural anti-inflammation ingredient called oleocanthal, which is good for a healthy heart. The substance has similar effects of drugs such has ibuprofen and aspirin, which are commonly found in pain relievers. The report also provides evidence that further supports the health benefits of the Mediterranean diet, which is rich in olive oil.

"People who have had strokes or heart problems are advised to add olive oil to their diet," explains Dr. Irene Bakalar. "By replacing fats such as butter, margarine, and mayonnaise with olive oil, people can decrease their risk of heart disease, certain cancers, and even Alzheimer's Disease."

From: Gina Blanchett [gina0301@yahoo.ca]
To: Martha Blanchett [m.blanchett1@yahoo.ca]
Subject: Olive Oil
Attachment: [olive.doc]

Mom,

I saw this great article in the Sunday paper about the health effects of olive oil. I know you try to take care of yourself and exercise but I just want you to start eating better.

Although you are not accustomed to eating different ethnic foods, I would like to take you out to lunch this Saturday to Mediteranee, a great Greek restaurant where Matthew and I enjoy going. It has a beautiful garden with a fishpond. You'll love it.

I'll call you tonight. In the meantime, read this article.

Love,
Gina

5. What is the article about?
   (A) Olive oil
   (B) Popular diets
   (C) Physical health
   (D) Mediterranean food

6. Which issue of *Healthy Eating* features the report?
   (A) The September issue
   (B) The October issue
   (C) The November issue
   (D) The December issue

7. What does Dr. Bakalar suggest in the article?
   (A) To remove animal fat from diets
   (B) To exercise for 30 minutes every day
   (C) To take aspirin and ibuprofen sparingly
   (D) To replace fats such as butter and mayonnaise

8. What does Gina wish of her mother?
   (A) To try new foods
   (B) To start eating more
   (C) To exercise more often
   (D) To start eating healthier

9. In the e-mail, the word "accustomed" in paragraph 2, line 1, is closest in meaning to
   (A) used
   (B) adapted
   (C) trained
   (D) prepared

Practice Test SECTION 2 Answers

730 設問 1 - 4 は次の案内文に関するものです。

水質検査はどこに依頼すべきか

　水質浄化装置の販売会社が無料または低料金で水質の分析をおこなっていることがよくある。しかしこうした検査に頼ってはいけない。というのは，結果が偏向しているかもしれないからだ。その代わりに，地元の水道会社や保健局，あるいは協力関係にある代行業者に照会するのがよい。また，イエローページの「研究機関－検査」の項を参照したり，郵送で対応してくれる研究機関に連絡を取ったりすることもできる。

　鉛の含有量を郵送で検査してもらう場合は，下記のいずれかに連絡すること。
　　レッドテスターズ社，Greensboro, NC, (910) 855-9872
　　環境ウォーターサービス，Fresno, CA, (209) 256-8374
　　クリーンウォーター社，New York, NY, (212) 783-9758
　　ウォーターアナリシス社，Wilmington, DE, (302) 645-3788

　家庭でできるアマチュア用検査キットは避けること。現在市場に出回っているものでは，安定した結果は得られない。

【語句・用語】**water-treatment equipment** 水質浄化装置／**be biased** 偏向している／**health department** 保健局／**extension agency** 外部の代行機関／**referral** 照会／**Yellow Pages** 職業別電話帳／**mail-order** 郵送でできる／**lead content** 鉛の含有量／**NC = North Carolina** ／ **DE = Delaware** ／ **do-it-yourself home-testing kit** 家庭でできるアマチュア用検査キット

■読解のポイント

　タイトルの get your water tested は「家庭の水を検査してもらう」という意味で，この文書が水質検査の話題を扱っていることがわかる。民間の会社による水質検査の問題点と，望ましい水質検査方法の 2 つが主なトピックである。

1. 正解 **(C)**

　質問文のキーフレーズ companies that sell water-treatment equipment「水質浄化装置を販売する会社」をスキャニングすると，文書の冒頭に同一表現があるのでこの後の部分に注目《ルール 2》。以下のパラフレーズを押さえておこう《ルール 6》。The results → the outcome, may be biased → have an interest.

設問の訳　水質浄化装置の販売会社が提供する水質検査の問題点は何か。
(A)　しばしば料金が高い。
(B)　しばしば鉛分の検出ができない。
(C)　検査テストの結果に会社の利害が絡んでいる。
(D)　通常，安い検査でも高い検査同様に有効である。

2. 正解 (B)

第1段落第2～3文に Do not depend on that kind of test: The results may be biased. Instead, ask... とある。「つなぎ言葉」である Instead「代わりに」に注目しよう。この後に，前出のものより優れた案が提案されるという論旨の展開が予想できる《ルール 10》。この設問では助言の内容が問われているので，Instead の後を読めば正解がわかるはずだ。

設問の訳　水質検査テストを受けたい人への助言は何か。
(A)　地元の保健局に検査してもらう。
(B)　地元の水道会社に照会する。
(C)　豪雨直後の分析ではない点を確認する。
(D)　協力的な外部の代行機関に完全な分析を依頼する。

3. 正解 (B)

会社の所在地を問う設問。本文から場所に関する語句をスキャニングしよう《ルール 2》。連絡先が書かれている個所に Clean Water Corp. の所在地が示してある。

設問の訳　クリーンウォーター社の所在地はどこか。
(A)　フレズノ
(B)　ニューヨーク
(C)　グリーンズボロー
(D)　ウィルミントン

4. 正解 (A)

質問文のキーワード do-it-yourself water-testing kits を本文からスキャニングする《ルール 2》。最後の段落に Avoid do-it-yourself home-testing kits.「アマチュア用の検査キットは避けるように」という表現が見つかるので，(A) が正解。

設問の訳　アマチュア用の水質検査キットに関して，どのように助言しているか。
(A)　使用を避けるべきである。
(B)　指示に注意深く従う。
(C)　評価の高い業者からのみ購入する。
(D)　独立の研究機関に結果を確認してもらう。

900　設問5-9は，次の記事とeメールに関するものです。

多くの人々は，オリーブオイルが健康的な食事には必須だと知っているが，その理由を知っている人はほとんどいない。
　雑誌『ヘルシー・イーティング』の10月号では，オリーブオイルにはオレオカンタールと呼ばれる抗炎症作用を持つ天然成分が含まれており，その成分が心臓の健康に良いということを説明している。その物質は，鎮痛剤に含まれていることが多いイブプロフェンや，アスピリンといった薬と似た効果を持っている。その報告は，オリーブオイルを豊富に含む地中海地方の食習慣の健康上のメリットをさらに明確にする論拠も示している。
　「脳卒中や心臓病の経験者は，食事にオリーブオイルを加えることをお勧めします」とアイリーン・バカラー医師は説明する。「バターや，マーガリン，マヨネーズといった油脂をオリーブオイルで代用することで，心臓病やある種のがん，アルツハイマー病のリスクさえも軽減することができます」

【語句・用語】essential 必須の／ issue （雑誌の）号／ contain 含む／ anti-inflammation 抗炎症作用／ ingredient 成分／ substance 物質／ pain reliever 鎮痛剤／ evidence 証拠／ benefit 恩恵，特典／ rich in 〜 〜が豊富な／ stroke 脳卒中／ fat 油脂，脂肪／ cancer がん／ Alzheimer's Disease アルツハイマー病

```
発信者：ジーナ・ブランシェット [gina0301@yahoo.ca]
受信者：マーサ・ブランシェット [m.blanchett1@yahoo.ca]
件　名：オリーブオイル
添付ファイル：[olive.doc]
```

お母さんへ

オリーブオイルの健康効果についての，この素晴らしい記事を日曜日の新聞で見たのよ。お母さんが健康を気遣ったり運動したりしようとしているのはわかってるんだけど，ただ，より良い食事を取るようにしてもらえたらと思って。

お母さんはいろんなエスニック料理には慣れてないけれど，今週の土曜日に，マシューと私が好きなすてきなギリシャ料理のレストラン「メディタレイニー」にお母さんをランチに連れて行きたいと思っています。いけすつきのすてきな庭があるのよ。きっと気に入るわ。

今晩電話するわ。とりあえずこの記事を読んでね。

それでは。
ジーナ

【語句・用語】**article** 記事／ **be accustomed to** 〜 〜に慣れている／ **fishpond** 養魚池，いけす

■ 読解のポイント

1つ目の文書はオリーブオイルに関する記事，2つ目はその記事を見たジーナが母親あてに書いたeメールである。記事では以下のように関係代名詞が多用されていることに注意しよう《ルール8》。

- olive oil contains a natural anti-inflammation ingredient called oleocanthal, **which** is good for a healthy heart.
- The substance has similar effects of drugs such has ibuprofen and aspirin, **which** are commonly found in pain relievers.
- The report also provides evidence **that** further supports the health benefits of the Mediterranean diet, **which** is rich in olive oil.

記事には oleocanthal, ibuprofen, aspirin などの専門的な語句が並んでいるが，関係代名詞節でこれらの語句が説明されているので，心配はいらない。

5. 正解 (A)

質問文に article とあるので，1つ目の文書に正解がある。文書の全体的な理解を問うタイプ2の設問であるため，ほかの設問を解いてから戻ってくるとよい《ルール7》。

設問の訳　この記事は何について書かれているか。
(A)　オリーブオイル
(B)　人気のある食習慣
(C)　肉体面の健康
(D)　地中海料理

6. 正解 (B)

質問文のキーワードの *Healthy Eating* について，1つ目の文書をスキャニングしていこう《ルール2》。第2段落の冒頭に The October issue of *Healthy Eating*... とある。

設問の訳　『ヘルシー・イーティング』の何月号がこの報告を取り上げたか。
(A)　9月号
(B)　10月号
(C)　11月号
(D)　12月号

7. 正解 (D)

質問文に in the article とあるので，記事の中に正解のヒントがある確率が高い。キーワードの Dr. Bakalar をスキャニングしよう。第3段落第1文に Dr. Irene Bakalar とあり，最後の1文が選択肢 (D) の内容と一致する。

設問の訳　バカラー医師が，記事で提案していることは何か。
(A)　動物性油脂を食事から取り除くこと
(B)　毎日30分運動すること
(C)　アスピリンとイブプロフェンを控えめに取ること
(D)　バターやマヨネーズといった油脂をほかのもので代用すること

8. 正解 (D)

Gina に関する設問であるため，e メールをスキャニング。wish，want，hope など，希望・願望を表す語句を探そう。第 1 段落第 2 文の後半に …I just want you to start eating better. と，Gina が母親に望んでいる内容の記述がある。

設問の訳 ジーナが母親に望んでいることは何か。
(A) 新しい食べ物を試すこと
(B) もっと多く食事を取るようにすること
(C) もっと頻繁に運動すること
(D) もっと健康に良い食事を取るようにすること

9. 正解 (A)

be accustomed to ～ は「～に慣れている」という意味である。したがって，(A) が正解。accustomed の意味がわからない場合は，文脈から意味を類推してみよう《ルール 9》。「お母さんはエスニック料理には accustomed していないけれど，ギリシャ料理のレストランに連れて行きたい」という文脈から，(A) が正解だと推測できるだろう。

設問の訳 e メールの中の第 2 段落 1 行目の "accustomed" という単語に最も意味が近いのはどれか。
(A) 慣れている
(B) 適応した
(C) 訓練された
(D) 準備が整った

SECTION 3

さらなるハイスコアを目指す発展テクニック

ルール 11〜14　　　　　　151
Practice Test SECTION 3　　178

SECTION 3 ▶▶▶▶▶▶▶▶▶▶▶▶▶ ルール11〜14

さらなるハイスコアを目指す発展テクニック

　セクション3では，PART 7のすべての問題に共通して使えるというわけではないが，特定のタイプの問題を解く上で役立つテクニックを紹介する。TOEICでハイスコアをとるためには，もちろん英語力の底上げが必要である。しかしながら，以下のようなテクニックに習熟すれば，より効率的にスコアを上げることができる。

1　double passage 問題

　PART 7の最後の4つの大問（設問数は計20問）は，「double passage 問題」と呼ばれる2つの文書を組み合わせた問題である。double passage 問題は通常の問題と比較して設問と文書の関係が複雑になっていることが多いため，とくに注意が必要である。double passage 問題を解く上で注意すべきポイントを押さえておこう。

➡ ルール11 「Double Passage 問題では，2つの文書の関係を把握せよ！」（→ P.151）
➡ ルール12 「Double Passage 問題では，正解にかかわる文書を判断せよ！」（→ P.158）

2　注意を要する設問

　最後に，受験者を巧みに陥れる「ひっかけ問題」や，否定語を含む表現など，解答する上で注意が必要な設問・表現を押さえておこう。

➡ ルール13 「ひっかけ問題に注意せよ！」（→ P.168）
➡ ルール14 「質問文と選択肢の否定語に注意せよ！」（→ P.173）

SECTION 3

|ル|ー|ル| 11 |

Double Passage 問題では，2つの文書の関係を把握せよ!

2つの文書の見出し・レイアウトやトピック・センテンス（要旨を述べた文）などを検討し，文書の間の関係を把握しよう。

両者の関係を把握する

　double passage 問題を解く上では，出題される 2 つの文書の関係（書き手と読み手の関係，時間の前後関係など）を把握することが重要になる。2 つの文書の関係を把握することで，スキャニングの際にどちらの文書を参照すればよいのかが的確に判断できるようになり，効率的に正解にたどり着くことができるだろう。

double passage 問題で出題される 3 つのパターン

　double passage 問題で出題される，2 つの文書の関係は以下の 3 つのパターンに分類が可能である。

PATTERN 1　2 つの文書の間に直接的な関係がある場合

　このパターンに当てはまるのは，例えば以下のような場合である。

> 文書1 ➡ A が B に製品を注文
> 文書2 ➡ B が A の注文に対して回答

　このように，文書 2 が文書 1 に直接応答しているのが，パターン 1 である。それぞれの差出人や受取人を見れば，2 つの文書の関係を把握するこ

とができるため，パターン1は比較的容易に解くことができるだろう。

パターン1の設問では，「AとBの関係は？」，「A（あるいはB）がこの文書を書いている目的は？」といった質問が多い。

PATTERN 2 2つの文書の間に間接的な関係がある場合

パターン2に分類されるのは，例えば以下のような組み合わせである。

文書1 ➡ 求人広告
文書2 ➡ 「文書1の求人広告に応募してみてはどうか」と書き手が友人に助言しているeメール

文書2の内容は文書1の内容を受けて書かれているため，文書1と文書2には関係がある。しかし，このeメールは求人広告に対して応募，というような直接の応答ではないため，この関係はあくまでも間接的なものである。

パターン1と比較して，パターン2では文書間の関係を把握するのがやや難しい。2つに共通するキーワードを丹念に拾っていこう。

パターン2の例としては，ほかに以下のような問題もある。

文書1 ➡ 製品Aの広告
文書2 ➡ 製品Aが届いていないことに関する苦情

この例でも，文書2は文書1に直接応答しているわけではない。ゆえに，2つの文書の関係は間接的なものである。

また，この例では文書1と文書2の間に省略された出来事があることに注意する必要がある。すなわち，

```
出来事1  製品Aの広告が掲載された ← 文書1
出来事2  製品Aを注文した
出来事3  製品Aがまだ届いていないことに関する苦情 ← 文書2
```

という流れの中で，2つの文書に明示されているのは1と3の出来事のみである。その中間にある2の出来事（製品Aを注文したこと）は，文書の中には明示されておらず，読み手が想像するしかない。このように，文書1と文書2の間に時間の経過や省略された出来事がある場合は，受験者自身が想像して補う必要がある。

PATTERN 3　2つの文書の間に直接的な関係がない場合

パターン3の例としては，以下のようなものが挙げられる。

```
文書1 ➡ 製品Aの広告
文書2 ➡ 製品Bの広告
```

パターン3では，文書2は文書1の内容を受けて書かれているわけではなく，2つの文書は互いに独立したものである。パターン1やパターン2に慣れた受験者は戸惑ってしまうかもしれない。

パターン3は最も出題頻度が低いが，このようなパターンが出題される可能性があるということを頭に入れておこう。パターン3では，「AとBの値段にはどのくらいの差があるか？」「〜したい人はどの製品を買うべきか？」など，2つの文書の共通点や相違点に関する設問が出題されることが多い。

例題 3つのパターンのどれに当てはまるかを確認しよう

Questions 1 - 2 refer to the following advertisement and e-mail.

Well-known public relations firm seeks administrative assistant to the vice president. Must be professional, organized, friendly, and have at least two years' experience. Spanish/Japanese fluency a plus. Experience preparing files in MS Word, Excel and PowerPoint a must. Please call Ms. Collins at 212-878-3900.

Date: July 20, 2007
From: Terry Collins [tcollins@rsd.com]
To: Ariko Kimura [ariko1@yahoo.com]
Subject: RSD position

Dear Ms. Kimura,

I am happy to inform you that you have passed the first round of interviews, and RSD Vice President Gino Abe would like to interview you personally.

We would like to conduct the interview later this week, perhaps on Friday. Please call me so we can schedule a time and date. We are looking forward to hearing from you.

Best regards,

Terry Collins

1. What job position is available?
   (A) Translator
   (B) Client consultant
   (C) Computer programmer
   (D) Administrative assistant

2. Who will interview Ms. Kimura?
   (A) Mr. Gino Abe
   (B) Mr. Roy Donald
   (C) Mr. Abe Collins
   (D) Ms. Terry Collins

【語句・用語】**public relations firm** PR 会社／ **administrative assistant** 秘書／ **organized** まめな，きちょうめんな／ **a plus** プラスの点／ **a must** 必須条件／ **inform** 知らせる／ **personally** 直接，じかに／ **conduct**（面接などを）おこなう

■ 読解のポイント

この問題はパターン 2（→ P.152）に該当する。1 つ目の文書は求人広告であり，2 つ目は採用面接に関する通知である。一見関連がなさそうだが，どちらにも Collins という人物名が登場しているのが共通点である。2 つの文書を読むと，

出来事 1　コリンズ氏が求人広告を出した（←文書 1）
出来事 2　キムラさんが求人に応募した
出来事 3　キムラさんが一次面接に合格した
出来事 4　コリンズ氏がキムラさんに，
　　　　　一次面接合格の通知を出した（←文書 2）

という流れが想像できる。2 つの文書の間に時間の経過があり，2 と 3 の出来事が省略されていることに気づく必要がある。設問 1，2 には次のような方法で解答できるだろう。
1. 求人の内容をたずねているので，求人広告である 1 つ目の文書から職位に関する語句をスキャニングしよう。第 1 文に seeks administrative assistant とあるため，正解は (D)。
2. 今後の面接の予定に関しては，一次面接の合格通知である文書 2 に書かれていると想像できる。文書 2 から人名をスキャニングしよう。本

文第 1 段落に RSD Vice President Gino Abe… とある。よって (A) が正解。

正解 1. (D) 2. (A)

訳 設問 1 - 2 は次の広告と e メールに関するものです。

有名な PR 会社が，副社長秘書を募集しています。プロ意識があり，きちょうめんかつ人当たりの良い人で，最低 2 年間の経験があることが条件です。スペイン語・日本語の能力があるとなおよいでしょう。MS ワード，エクセル，パワーポイントのファイルを作成した経験が必須です。詳しくは，コリンズまで（電話：212 - 878 - 3900）。

日　付：2007 年 7 月 20 日
送信者：テリー・コリンズ [tcollins@rsd.com]
受信者：アリコ・キムラ [ariko1@yahoo.com]
件　名：RSD のポジション

キムラ様

あなたが一次面接試験に合格されたことを謹んでお知らせいたします。そこで，RSD 社の副社長，ジーノ・エイブは，あなたと直接面接させていただきたいということです。

今週の後半，できましたら金曜日に面接させていただきたいと考えております。日時を設定するために，私にお電話をいただけますでしょうか。ご連絡をお待ち申し上げます。

よろしくお願い申し上げます。

テリー・コリンズ

1. どの職位が求められているか。
   (A) 翻訳者
   (B) 顧客コンサルタント
   (C) コンピュータ・プログラマー
   (D) 秘書

2. キムラさんを面接するのは誰か。
   (A) ジーノ・エイブ氏
   (B) ロイ・ドナルド氏
   (C) エイブ・コリンズ氏
   (D) テリー・コリンズ氏

SECTION 1 2 3

ルール 12

Double Passage 問題では，正解にかかわる文書を判断せよ!

設問のキーワード，キーフレーズを特定し，2つの文書のうちどちらに正解にかかわるものがあるのかを判断しよう。

■ 設問に関連する個所を探す

　double passage 問題では文書が2つあり，文字量も多いことから，設問に関連する個所をいかに素早く見つけることができるかが重要だ。まずはどちらの文書に正解の手掛かりが含まれているかを判断しよう。

■ double passage 問題攻略の3つのポイント

　正解が含まれている文書を効率的に判断するには，① <u>キーワード，キーフレーズによる特定</u>，② <u>質問文中の書式情報による特定</u>，③ <u>設問の配列パターンによる特定</u>，以上3つの方法がある。

POINT 1 キーワード，キーフレーズによる特定

　single passage 問題と同様に，人名・地名・数字などのキーワード・キーフレーズによる特定は非常に有効である《ルール2》。double passage 問題の場合は，出題される2つの文書の関係を把握していれば，さらに設問に関連する個所が特定しやすくなる。
　例えば，以下のような問題を考えてみよう。

> 文書1 ➡ 求人広告
> 文書2 ➡ 求人への応募書類

前ページのような double passage 問題で,「この求人広告に応募するために必要な条件は何か」という質問であれば,文書1に正解のヒントが含まれている可能性が高いと即座に判断することができる。

このように,2つの文書の関係を把握することで,スキャニングの際にどちらの文書を参照すればよいのかが的確に判断できるようになり,効率的に正解にたどり着くことができる《ルール11》。

POINT 2 質問文の中の文書情報による特定

質問文の中には,according to the **table**, in the **advertisement** など,文書の種類に関する表現が含まれていることがある。このような設問であれば,文書情報を手掛かりに正解のヒントが含まれている文書を特定することが可能である。例を見てみよう。

【指示文】
Questions 1 - 5 refer to the following **e-mail** and **letter**.

【文書1】

```
From: Paul
To: Lisa
Subject: XXX
----------------------------------------------------------------
```

【文書2】

```
Dear Paul,
----------------------------------------------------------------



Best wishes,
Lisa
```

【設問】
1. According to the **e-mail**, which of the following is true?
2. xxxxxxxxxxxxxxx ?
3. What does Lisa suggest in the **letter**?
4. xxxxxxxxxxxxxx ?
5. xxxxxxxxxxxxxx ?

とくに太字の部分に注目してほしい。冒頭の Questions 1 - 5 refer to the following **e-mail** and **letter**. という指示文（directions）を読むと、文書1はeメールであり、文書2は手紙であることがわかる。

【設問1】
設問1を読むと、According to the e-mail... とある。指示文に書かれているように、この問題では文書1がeメールであり、文書2は手紙である。ゆえに、このe-mailという単語を手掛かりにして、設問1の正解のヒントは文書1に含まれていることがすぐに特定できる。

【設問3】
設問3では、in the letter という表現が大きなヒントである。この問題では2番目の文書が letter であるため、文書2に設問3の正解のヒントが書かれていることがわかる。

POINT 3 設問の配列パターンによる特定

いずれの文書に正解のヒントが含まれているかを特定する上では，設問の順番がヒントになることもある。double passage 問題では，1つの大問につき5つの小問が含まれるが，設問の配列パターンには以下のような傾向が見られる。

1. 1つ目の文書に関する設問は，2つ目の文書に関する設問よりも前に来ることが多い。すなわち，以下のような配列が一般的である。

> 設問 **1** 〜 **2** または **1** 〜 **3** ➡ 文書1に関するもの
> 設問 **3** 〜 **5** または **4** 〜 **5** ➡ 文書2に関するもの

しかしながら，以下のような例外もあることに注意。

> 設問 **1** 〜 **2** または **1** 〜 **3** ➡ 文書1に関するもの
> 設問 **3** 〜 **4** または **4** ➡ 文書2に関するもの
> 設問 **5** ➡ 文書1に関するもの

2. ルール11のパターン3に該当する問題（2つの文書の間に直接的な関係がない場合）では，両方の文書にかかわる設問が出題されることも多い。このような設問を解く上では，文書1と文書2両方の内容を比較することが求められる。5問の中で両方の文書の比較が必要な設問の配列パターンには，これといった傾向が見られないようだ。

ここで紹介した配列パターンはあくまでも原則であり，このパターンに沿わない問題も出題される可能性がある。しかし，設問の配列パターンを知っていると，double passage 問題を効率的に攻略することができる。例えば，設問1〜2は文書1に関するものが大半であるため，冒頭の設問に関しては，1つ目の文書を参照することで攻略できる可能性が高い。また，1つ目の文書に関する設問が3つ連続しているのであれば，設問4にはかなり高い確率で2つ目の文書に関する設問が来ることが予測できる。

正解に関連する文書を判断する上では，ポイント1で述べたキーワードやポイント2で述べた文書情報から判断するのが原則である。さらに，ポイント3で紹介した設問の配列パターンを知っておくと，より効率的に正解にたどり着くことができるため，配列パターンを常に意識しながら問題に取り組むことを勧める。

例題 キーワード，設問の順番をヒントに文書を特定しよう

Questions 1 - 5 refer to the following advertisement and message.

EARLY DECEMBER SPECIAL!

National Airlines is offering a special deal for couples that fly before December 15. When you buy a ticket to any of our nationwide destinations, you can get one ticket for half price. Tickets must be purchased before November 15 to qualify for this special. Please call 1-888-493-2888 for more information or visit www.nationalair.com.

Chuck,

I saw this ad in the paper and thought it would be a great idea to take a week off and relax before Christmas. I was thinking of going someplace warm like Miami. What do you think? I checked prices, and a roundtrip ticket is only $250 for one ticket. After the special, we would only have to pay $375. We have a week to decide.

See you Friday!

Mark

---

1. What is National Airlines' special?
  (A) Buy one ticket, get one free
  (B) Buy one ticket, get one half off
  (C) Free upgrade from economy to business class
  (D) Double mileage points for every ticket purchased

2. When must tickets be purchased?
   (A) By November 5
   (B) By November 15
   (C) By December 15
   (D) By December 25

3. Why does Mark want to travel?
   (A) To relax before Christmas
   (B) To use his frequent flyer miles
   (C) To visit his family for Christmas
   (D) To visit Chuck's family before Christmas

4. Where does Mark want to go?
   (A) To Miami
   (B) To Havana
   (C) To Chicago
   (D) To London

5. When will Mark and Chuck next meet?
   (A) Tuesday
   (B) Wednesday
   (C) Thursday
   (D) Friday

【語句・用語】**deal** 商取引／ **nationwide** 全国的規模の／ **qualify for** 〜 〜の資格を満たす／ **take a week off** 1週間の休みを取る／ **roundtrip** 往復旅行の

■ 読解のポイント

見出し・レイアウトの情報が少ないため，一見しただけでは関係がつかみづらい。ただし，文書2の本文の冒頭に I saw this ad in the paper and... とある。この1文から，文書1が新聞広告であり，文書2はその広告を見たマークからの伝言メモだということがわかる。受取人，差出人の情報から，文書2はマークがチャックにあてたものであることがわかる。こうしてルール11で述べた2つの文書の間接的な関係が把握

できれば，設問の配列パターンは見えやすくなる。

1. 航空会社のキャンペーンについてたずねているので，広告である文書1に正解のヒントが含まれている可能性が高い。設問1〜2は文書1に関するものが大半であるという配列パターンにも沿っている。第2文の When you buy a ticket to any of our nationwide destinations, you can get one ticket for half price.「チケットを1枚買うともう1枚が半額になる」から正解がわかる。

2. チケットの購入時期に関する設問であるため，これも広告である文書1に正解のヒントが含まれている可能性が高い。設問1と同様，配列パターンに関する法則にも沿っている。文書1から時期に関する語句をスキャニングすると，Tickets must be purchased before November 15... とある。ゆえに (B) が正解。

3. 質問文に Mark とあるため，マークが書いた手紙である文書2をスキャニングすればよい。第1文の it would be a great idea to take a week off and relax before Christmas から正解がわかる。

4. 設問3と同じく質問文に Mark とあるため，文書2の手紙から場所に関する語句をスキャニングすればよい。「文書1に関する設問が2問連続しているのであれば，設問3, 4にはかなり高い確率で2つ目の文書に関する設問が来る」という配列パターンにも沿っている。第2文の I was thinking of going someplace warm like Miami. から正解がわかる。

5. 質問文に Mark とあるため，文書2から時期に関する語句をスキャニングすればよい。See you Friday! から，正解は (D)。

正解 1. (B)　2. (B)　3. (A)　4. (A)　5. (D)

訳 設問 1‐5 は次の広告と伝言メモに関するものです。

12月上旬スペシャル！

　ナショナル航空は，12月15日以前にご搭乗くださるカップルに，スペシャル・キャンペーンをご提供いたします。全国に展開するいずれかの目的地へのチケットをご購入いただくと，もう1枚を半額でお求めになれます。この特典の適用を受けるには，11月15日以前にチケットをご購入いただく必要があります。詳しい情報は，電話 1-888-493-2888 またはウェブサイト www.nationalair.com まで。

チャックへ

新聞でこの広告を見て思ったのだけど，クリスマス前に1週間休みを取ってゆっくりできたらいいだろうな。マイアミみたいなどこか暖かいところに行こうと思うんだけど。どう思う？ 価格を調べたら，往復チケット1枚はたったの250ドルだよ。特典を使えば，2人分の支払いは375ドルだけで済むみたいだね。1週間考える時間があるよ。

じゃあ，金曜日に

マーク

1. ナショナル航空の特典とは何か。
　(A) チケットを1枚買うと，1枚が無料になる
　(B) チケットを1枚買うと，1枚が半額になる
　(C) エコノミークラスからビジネスクラスへの無料アップグレード
　(D) すべての購入チケットに関して，マイレージが2倍加算される

2. いつチケットを購入しなくてはならないか。
　(A) 11月5日までに
　(B) 11月15日までに
　(C) 12月15日までに
　(D) 12月25日までに

3. なぜマークは旅行したいのか。
   (A) クリスマスの前にゆっくりするため
   (B) 彼の利用者ポイントを使うため
   (C) クリスマスに家族を訪ねるため
   (D) クリスマス前にチャックの家族を訪ねるため

4. マークはどこに行きたいか。
   (A) マイアミ
   (B) ハバナ
   (C) シカゴ
   (D) ロンドン

5. 次にマークとチャックが会うのはいつか。
   (A) 火曜日
   (B) 水曜日
   (C) 木曜日
   (D) 金曜日

SECTION 1 2 3

|ル|ー|ル|13|
ひっかけ問題に注意せよ！

解答する上で注意が必要な「ひっかけ問題」を見破ろう。

ひっかけ問題

　ここで，「ひっかけ問題」とは，本文と同じ単語やその派生語を含む選択肢を含む設問，あるいは常識的には正しそうに見えるが本文の内容には一致しない記述がある選択肢を含む設問を指す。このような設問にはとくに注意して対処する必要がある。

POINT 1　本文と同じ表現が含まれる選択肢は警戒しよう

　選択肢中に本文と同じ表現や，本文中の単語の派生語が含まれていたとしても，安易にその選択肢を選ばないように注意しよう。選択肢の見た目の表現が本文と似ていても，その表している内容が違うことがあるからだ。
　ルール6で見たとおり，正解となる選択肢ではパラフレーズが多用されているのがTOEICの特徴である。その分，正解は一見すると，わかりにくくなっている。選択肢の中に本文と同じ表現が含まれている場合には，逆にその選択肢は疑ってかかったほうが賢明である。

POINT 2　常識的な記述に惑わされないようにしよう

　PART 7の問題を解く際には，常識に頼って選択肢を選んではいけない。あくまで記述内容に即して解答しよう。選択肢の中には，一般常識から考えて正解のように思われるが，実は不正解というひっかけの選択肢が含まれていることが少なくない。以下の具体例について考えてみよう。

(a)「新製品は以前の製品よりも性能が良い」
→　常識から考えて，新製品は以前の製品よりも性能が良いと考えられる。しかしながら，性能はそのままで，価格が安くなっただけかもしれな

いし，サイズが小さくなっただけかもしれない。本文の中に「新製品は以前とくらべて性能が良くなった」と明記されていない限り，この選択肢が正解である保証はない。

(b) 「携帯電話を無料で手に入れるためには，競合会社から乗り換えることが条件となる」
→ 「2年間の長期契約を結ぶこと」「キャンペーン期間中に来店すること」「特定の料金プランに加入すること」「クーポンを持参すること」などが条件となる可能性もある。

(c) 「その調査に参加した人の名前は伏せられ，匿名で扱われる」
→ 調査参加者の個人情報を匿名で扱うのは半ば常識だが，本文にそのような記述がない限り，この選択肢を選んではいけない。匿名で扱われるかどうかには言及がなく，「調査の参加者には謝礼が支払われる」，「希望者には調査結果の報告が送られる」といったことが書かれているかもしれない。

上のような「いかにも正解らしい選択肢」に惑わされることなく，必ず本文の内容と照らし合わせた上で選択肢を選ぶこと。

ひっかけ問題に惑わされないためには，以下の点に注意しよう。

1. 設問を読み込んで，設問の狙いをしっかり把握すること。
2. 本文中の表現と見た目が近い選択肢があったとしても，それが正解だと早合点しないこと。見た目に惑わされず，しっかり内容を検証しよう。
3. 常識や一般論だけで正解を選択することは絶対に避け，あくまでも記述内容に即して判断すること。
4. 必ず4つの選択肢をすべて検討してから正解を判断すること。

例題 本文と同じ語句を含む選択肢に注意しよう

The question refers to the following article.

Airlines Take to the Web

The Internet is rapidly reshaping the airline industry. Today, airline tickets are the biggest-selling commodity on the web. For some budget carriers, online sales now make up 90 percent of the total, although for most of the large mainstream airlines, the share is still below 5 percent. The Internet allows airlines to save money by reducing the number of staff needed to handle reservations.

The Internet is good for consumers, too, giving them better access to information about what is being offered. By using the web, consumers can let airlines learn more about their personal needs and preferences. By linking powerful databases to interactive websites, airlines can offer tailor-made deals reflecting known preferences.

The Internet is also changing passenger's experience at the airport. Thanks to online booking, paper tickets are becoming extinct. Soon, standing in line to check in for a flight will be a thing of the past. With so-called e-tickets, passengers can check in their baggage at the curb, and go directly to the departure gate. When passengers turn up at the airport, they really want to do just one thing: board the airline. Many airlines have streamlined that process so that a passenger needs nothing more than some identification, a code number, and a credit card to board the aircraft.

Q. According to the article, how does the Internet help airline passengers?
(A) By automating the reservations process.
(B) By allowing passengers to make changes to tickets without paying penalties.
(C) By providing airlines with better information about what their competitors have to offer.
(D) By giving them up-to-date information about flight delays and cancellations.

【語句・用語】**take to ~** ~が好きになる／**the biggest-selling commodity** 最も売れ行きのよい商品／**budget** 格安の／**make up ~** ~を占める（＝ constitute）／**large mainstream airline** 大手の主力航空会社／**preference** 嗜好／**tailor-made deal** 個人の目的に応じた取引／**at the curb** 歩道の縁で／**board** ~に乗る／**streamline**（無駄を省いて）~を効率化する／**nothing more than ＝ only**

■読解のポイント

> インターネットが飛行機の乗客に対してどのように役立っているかという質問。第3段落で自動予約システムの乗客にとっての利便性が e-tickets という言葉で説明されている。したがって，正解は (A)。
> 正解以外の選択肢である (B)(C)(D) にも，passengers, tickets, information, airlines など質問文や本文に出てくる語が含まれているが，これらの内容は本文中で述べられていない。ひっかけであることに注意しよう。

正解 **(A)**

SECTION 3 さらなるハイスコアを目指す発展テクニック

設問は次の記事に関するものです。

航空業界はウェブがお気に入り

　インターネットにより，航空業界は急速に変ぼうしつつある。今日，航空券はネット上で最も多く販売されている商品だ。オンラインでの売り上げは，大手の主力航空会社の大半ではいまだに全売り上げの5パーセント未満であるが，格安の航空会社によっては90パーセントを占めるところもある。インターネットの導入により，航空会社は予約業務に必要な要員の数を減らすことでコストを削減できる。

　また，顧客にとっても，公開されている情報により簡単にアクセスできるという利便性がある。ウェブの使用により，顧客はより多くの自分たちのニーズや好みを航空会社に知ってもらうことが可能になる。航空会社は巨大なデータベースと対話式のサイトをリンクすることで，そのようにして知りえた顧客の好みを反映した，ぴったりの商品を提供できる。

　インターネットは乗客の空港での行動にも変化を与えている。オンライン予約により，紙のチケットはもはや消滅しかけている。遠からず，搭乗手続きの行列も過去の遺物となるだろう。いわゆる「eチケット」を使えば，乗客は空港の外で車を降りてすぐ荷物をチェックインでき，そして直接搭乗ゲートに向かえばよい。乗客が空港に到着して済ませたいことはただ1つ。飛行機に乗ることだ。多くの航空会社が搭乗手続きの効率化を進め，乗客は身分証明書，コード番号，クレジットカードさえ持っていれば搭乗できるようになっている。

Q. 記事によれば，インターネットは飛行機を利用する乗客に対してどのように役立っているか。

(A) 予約手続きを自動化することによって。
(B) 違約金なしで乗客がチケットの変更をできるようにすることによって。
(C) 競合他社が提供できるサービスについて，航空会社により良い情報を提供することによって。
(D) 飛行便の遅れやキャンセルに関する最新の情報を乗客に提供することによって。

| SECTION | 1 | 2 | **3** |

ルール 14

質問文と選択肢の否定語に注意せよ！

質問文や選択肢の中に否定語が含まれる場合は，解答に際して注意が必要である。**PART 7** で頻繁に出題される否定語を押さえておこう。

否定語を含む設問

PART 7 では，質問文あるいは選択肢の中に否定語（not，never など）が含まれる場合がある。例えば，以下のような場合である。

What is NOT mentioned as a feature of the new product?
「その新製品の特徴として挙げられていないものは何か」

上の質問文で NOT を見落としてしまったとしたら，当然ながら正しい選択肢を選ぶことはできない。質問文や選択肢に否定語が含まれていないかどうかを常に気をつけるようにしよう。

否定語の例

PART 7 でよく出題される否定語と二重否定の 2 つについて見ていこう。

POINT 1 質問文や選択肢に含まれる否定語の例
■ NOT
What does NOT describe the staff at the shop?
「その店のスタッフの特徴を言い表していないのはどれか」

■ UNLIKELY
Such a thing is quite unlikely to happen in today's world.
「今日の世界でそのようなことはまず起こりえない」

■ LEAST
That was the least likely outcome of the past election.
「それは今度の選挙で最も予想していなかった結末であった」

■ EXCEPT
The botanical garden is open to the public every day except Monday.
「植物園は月曜を除く毎日，一般に公開されている」

■ EXCEPT FOR
She was a perfect mother except for her indolence.
「怠惰だという点を除いて，彼女は完ぺきな母親だった」

POINT 2 選択肢あるいは本文に含まれる二重否定の例

　二重否定は否定語が2つ重なって，結果的に肯定の意味になる。

■ NOT [NEVER] WITHOUT (= WITH)
It was not without effort that he succeeded.
「彼が成功したのは努力があったからだ」

■ NOT UNLIKELY (= LIKELY)
That Mars was once a water-filled planet is not an unlikely supposition.
「火星がかつて水に満たされた惑星であったというのは，ありえない仮説ではない」

例題 設問に含まれる否定語に注意しよう

The question refers to the following memo.

MEMORANDUM

To: Steve Marsh, President
Jack Krenshaw, Vice-president
From: David Bromwich, Technology Coordinator
Date: March 1, 2007
Subject: Establishment of Network Team
Cc: Vince O'Brien, Terry Hickerson, Sally McMannis, Rachel Pinkerton, Frank Harris

As you know, we are currently exploring our options regarding the purchase and installation of an office-wide computer network. Since this is expected to be a significant expense, and would likely interrupt operations both during and after installation, I am establishing a Network Team to assess and make recommendations concerning:

* The hardware and software components we will need
* The networking solutions companies of similar size have employed
* The impact the installation will have on operations
* How to deal with logistics problems proactively
* Training requirements after the network is installed
* Alternatives to installing a network

The team members are: Vince O'Brien from the Computing Division; Terry Hickerson from the Engineering Division; Sally McMannis from Accounting; Rachel Pinkerton from Training and Personnel Development; and Frank Harris, General Manager of Operations.

I have asked the team to get its written recommendations to me by April 3. Copies will be distributed to key personnel for review.

Q. What is NOT one of the Network Team's responsibilities?
 (A) Assessing training needs
 (B) Installing the computer network
 (C) Evaluating the networks of similar companies
 (D) Exploring alternatives to a network installation

【語句・用語】**Cc:** 当該コピー送付先（carbon copy の略）／ **installation** 設置／ **office-wide** 会社全体にわたる／ **significant expense** 多額の出費／ **interrupt operations** 業務に支障を来す／ **impact on** 〜 〜に与える影響／ **logistics** 物流／ **proactively** 先を見越して／ **training requirements** トレーニング要件／ **alternative**（= **alternative plan**）代替案／ **for review** 閲覧用に

■ 読解のポイント

質問文に否定語（NOT）が含まれていることに注意。本文をスキャニングしていくと、＊印で始まる個条書きの部分にネットワークチームの職務内容が書かれていることがわかる。リストアップされている事項と選択肢とを照らし合わせると、次のようなことがわかる。
(A) ⇒ 5 番目の「ネットワーク設置後のトレーニング要件」に該当。
(C) ⇒ 2 番目の「同規模の企業が採用しているネットワークソリューション」に該当。
(D) ⇒ 6 番目の「ネットワーク設置の代替案」に該当。
よって、(B) が正解であることがわかる。

正解 (B)

訳 設問は次のメモに関するものです。

連絡メモ

受信者：スティーブ・マーシュ社長, ジャック・クレンショー副社長
送信者：技術コーディネーター　デイビッド・ブロムウィッチ
日付：2007年3月1日
件名：ネットワークチームの設立
Cc：ビンス・オブライエン, テリー・ヒッカーソン, サリー・マクマニス, レーチェル・ピンカートン, フランク・ハリス

　ご存じのように，現在わが社はオフィス全体にわたるコンピュータネットワークの購入と設置のあるべき姿について検討しています。これは非常に多額の費用がかかると予想されるとともに，設置作業中および設置後の業務への支障が予想されるため，以下の事項について評価をし，提言をおこなうネットワークチームを発足させます。

＊必要なハードウェアおよびソフトウェア・コンポーネント
＊ほぼ同規模の企業が採用しているネットワークソリューション
＊設置による業務への影響
＊物流の問題への先を見越した取り組み
＊ネットワーク設置後のトレーニング要件
＊ネットワーク設置の代替案

　ネットワークチームのメンバーは，コンピュータ部ビンス・オブライエン，エンジニア部テリー・ヒッカーソン，経理部サリー・マクマニス，人事研修部レーチェル・ピンカートン，業務部長フランク・ハリスです。
　このチームに4月3日までに書面で提言をまとめるよう指示しました。この文書は閲覧のために主要職員に配布されます。

Q. ネットワークチームの責務の1つでないものはどれか。
(A) トレーニングの必要性に対する評価
(B) コンピュータネットワークの設置
(C) 同規模の会社が採用しているネットワークに対する評価
(D) ネットワーク設置の代替案作りのための調査

Practice Test SECTION 3

文書を読み，質問に対して最も適切な答えを (A) (B) (C) (D) の中から１つ選びなさい。

Questions 1 - 2 refer to the following letter.

> UNILAC Service Corporation
> P.O. Box 4961, Bloomfield, KS 06002
> (800) 474-4577
> October 28, 2007
>
> Ron Meter
> 15 Lincoln Plaza
> Patterson, NJ 07000
>
> Dear Mr. Meter:
>
> The final payment for your loan has been received and we will return your collateral once your check clears. We would like to thank you for your timely payments and appreciate your doing business with us.
> If you have any questions, or if we can be of further service, please feel free to contact us at the above number.
>
> Sincerely,
>
> *Jason Scott*
> Customer Service Department

1. Why has this letter been written?
   (A) To inform Mr. Meter that he has overpaid.
   (B) To inform Mr. Meter that his check has not cleared.
   (C) To inform Mr. Meter that his loan has been paid off.
   (D) To inform Mr. Meter that his loan payment is past due.

2. What will Mr. Meter receive?
   (A) An increase in his credit limit
   (B) An itemized schedule of payments
   (C) A refund for the outstanding balance
   (D) The items or funds he used to secure the loan

Questions 3 - 6 refer to the following advertisement.

VACANCY ANNOUNCEMENT
Director of Research

The International Center for Research in Sustainable Agriculture (ICRSA) is an international research organization fostering food security and natural resource conservation through better uses of trees and shrubs in crop and livestock production systems throughout the world.

The Director of Research is responsible for planning and implementing ICRSA's research programs, overseeing ICRSA's Research Division, and heading a multidisciplinary team of 42 senior scientists and their support staff. The annual research budget is approximately US $10 million.

The successful candidate will have a Ph.D. or equivalent in biophysical or social science and extensive experience in one of the following: agriculture, forestry, ecology, or natural resource management. In addition, candidates must have management experience, and excellent speaking and writing skills. Fluency in English is essential, and a working knowledge of Spanish or French is highly desirable.

The position, based in ICRSA's headquarters in Nairobi, Kenya, requires frequent travel. Salary and benefits are negotiable. To apply, send a detailed résumé to:

Human Resources Department,
International Center for Research in Sustainable Agriculture,
PO Box 4433, Nairobi,
Kenya.

3. What is one focus of research conducted by the ICRSA?
   (A) Using trees and shrubs as food for humans and livestock
   (B) Conserving natural resources through livestock production
   (C) Using trees and shrubs in farming to conserve natural resources
   (D) Protecting trees and shrubs from damage caused by poor agriculture and livestock practices

4. What is one responsibility of the Director of Research?
   (A) Leading a team of senior scientists
   (B) Researching new varieties of food crops
   (C) Creating and implementing new personnel procedures
   (D) Funding the $10 million annual research budget

5. What is true of the job being advertised?
   (A) A one-year minimum commitment is required.
   (B) It requires a doctorate degree or equivalent.
   (C) The successful candidate will have published articles in the field.
   (D) It requires fluency in English, Spanish, and French.

6. Where will the Director of Research work?
   (A) In Kenya
   (B) In Russia
   (C) At the New York headquarters
   (D) In the main Research Center

Questions 7 - 11 refer to the following advertisement and memorandum.

LMN Cleaners

Need to have your house or office cleaned? LMN Cleaners can have it done in as little as three hours, depending on the size of your house or company. Our staff are quick, thorough and dependable. We also offer specials on large offices. Please call us at 937-1189 for a price quote.

Edna,

Please call this company about getting our office cleaned. I would also like a price quote on getting our chairs cleaned. We have executives coming in two weeks, and I would like the office to be in top shape. Thank you,

Marcus

7. How quick can LMN Cleaners clean a house or office?
   (A) 2 hours
   (B) 3 hours
   (C) 4 hours
   (D) 1 day

8. What does NOT describe the staff at LMN Cleaners?
   (A) Quick
   (B) Thorough
   (C) Friendly
   (D) Dependable

9. What does LMN Cleaners offer?
   (A) A year-end sale
   (B) A special on large offices
   (C) A special on carpet cleaning
   (D) A first-time customer special

10. What does Marcus particularly want cleaned?
    (A) Desks
    (B) Chairs
    (C) Carpets
    (D) Bookshelves

11. Why does Marcus want to have the office cleaned?
    (A) Because it is the end of the year.
    (B) Because the regular cleaners quit.
    (C) Because LMN is having a special offer.
    (D) Because company executives are coming.

Questions 12 - 16 refer to the following bill and notice.

Khyber Internet Services, Inc. - Invoice
1838 Lancaster Dr. NE, Salem, OR 97301

Date: Mar 15, 2007
Due: Apr 01, 2007
Bill ID: 00483346265

Tom J. Chermack
5188 Wittenberg Lane North
Keizer, OR 97303

Product Item Description	Price	From	To
Internet Package for tjchermack	$19.95	01/15/07	02/15/07
Internet Package for tjchermack	$19.95	02/15/07	03/15/07
Total This Bill:	$39.90		

ACCOUNT SUMMARY

Previous Billing:	$19.95
Payments:	-$00.00
Balance Forward:	$19.95
Total This Bill:	$39.90
TOTAL DUE:	**$39.90**

Notes:
Your bill reflects an unpaid balance of $19.95. To avoid interruptions in your service, please remit the total due.

Khyber Internet Services, Inc.
Billing Policies

Schedule
Each bill is E-Mailed on about the 15th of the month (or nearest business day) of the billing period it is for. Payment is due on the 1st of the following month.

Pro-rating
When you first sign up you pay for activation and one billing period. When your first bill arrives, it will include an additional amount to pro-rate you to the beginning of a month, as well as the next billing period.

Checks/Cash
Make checks payable to Khyber Internet Services, Inc. Write your account number and username on every check, please, or if you come in to pay in cash, be sure you know your username! Mail checks to:

> Khyber Internet Services, Inc.
> Accounts Receivable
>
> 1838 Lancaster Dr. NE,
> Salem, OR 97301

Credit Cards
If you are paying by credit card, the e-mail you receive will be a statement only. Credit card transactions are run on the first available business day. If it does not go through, we will attempt to call you to determine the problem.

Go on to the next page.

12. Which of the following is true about Tom Chermack's invoice?
  (A) It is for an online order.
  (B) It includes a fee for late payment.
  (C) It is for a computer network installation.
  (D) It includes an unpaid balance from a previous bill.

13. How much does Tom Chermack owe in total?
  (A) $19.95
  (B) $39.90
  (C) $59.55
  (D) $79.80

14. When are payments to Khyber Internet always due?
  (A) The first of the month
  (B) The fifteenth of the month
  (C) Ten days after the bill is received
  (D) One month after the bill is received

15. Which of the following does Khyber Internet require of first-time customers?
  (A) Two forms of I.D.
  (B) A security deposit
  (C) Payment in advance
  (D) A one-year contract

16. What is said regarding Khyber Internet's payment policies?
  (A) Cash payments are not accepted.
  (B) Credit card payments are processed immediately.
  (C) An account number should be written on all checks.
  (D) Telephone payments are accepted during business hours.

Questions 17 - 21 refer to the following e-mails.

From: Gary Bonn [bonngary@yahoo.de]
To: Jay Malone [malone@lycos.com]
Subject: Payment

Dear Mr. Malone,

I am writing in regards to the freelance work I did for Lateral Designs in May. I worked on the GS Project with Helen Schumann from May 3 to May 29 and independently from May 30 to June 15.

I submitted my information and was informed that I would receive a check for my work, but I have yet to see any payment.

Please contact me as soon as possible as to what I should do. I can visit the office to pick up the check if needed.

Sincerely,
Gary Bonn

From: Jay Malone [malone@lycos.com]
To: Gary Bonn [bonngary@yahoo.de]
Subject: Re: Payment

Dear Mr. Bonn,

I deeply apologize for the inconvenience regarding your payment.

I looked into the problem and we have the check. We had it waiting to be mailed, but our former secretary must have overlooked it. I will personally mail it to you today during lunch via express mail. You should receive it tomorrow.

Thank you for your patience and understanding. I can assure you this is not standard business practice and should you work with our company in the future, this problem will not be repeated.

Yours truly,
Jay Malone

17. When did Mr. Bonn work for Lateral Designs?

    (A) February

    (B) March

    (C) April

    (D) May

18. What does Mr. Bonn offer?

    (A) To pick up his check at the office

    (B) To give the company more time to pay him

    (C) To introduce Mr. Malone to a design consultant

    (D) To do more freelance work for Lateral Designs

19. Who will mail the check?

    (A) Mr. Malone

    (B) The former secretary

    (C) The current secretary

    (D) Mr. Malone's personal assistant

20. When will Mr. Bonn receive the check?

    (A) That day

    (B) The following day

    (C) In 3–5 days

    (D) In a week

21. How does Mr. Malone reassure Mr. Bonn?

    (A) By inviting Mr. Bonn to lunch

    (B) By checking the amount of Mr. Bonn's check

    (C) By complimenting his work on the GS Project

    (D) By promising the problem will not be repeated

Questions 22 - 26 refer to the following website posting and e-mail.

```
Rating: (5) Superior
User ID: jenny101

I received my package from Rightfit.com within
two days! Everything is correct except for a pair
of shoes that don't fit. Thanks to Rightfit's
great return policy, I will return the shoes.
```

To: jenny101@gmail.com
From: customer@rightfit.com
Subject: Customer Appreciation

Dear Customer,

Thank you for your positive feedback and dedication to our company. As a token of our appreciation, please accept a coupon for 20 percent off your next purchase.

To use the coupon, which is good for one year, enter the code **8370-83839-112-jenny101** when you check out. Your final price will automatically be update on the site.

Thank you for shopping with Rightfit.com!

22. What did the customer think about Rightfit.com's service?

(A) It was superior.

(B) It was good.

(C) It was unsatisfactory.

(D) It was poor.

23. What will the customer return?

(A) A dress

(B) A blouse

(C) A pair of jeans

(D) A pair of shoes

24. What does the customer think is good about Rightfit.com?

(A) Its return policy

(B) Its friendly service

(C) Its quality of products

(D) Its selection of products

25. For how much is the coupon?

(A) 10 percent

(B) 20 percent

(C) 30 percent

(D) 40 percent

26. When should the customer use the coupon?

(A) Before shopping

(B) Within two weeks

(C) While checking out

(D) After receiving her items

Practice Test SECTION 3 Answers

900 設問 1 - 2 は次の手紙に関するものです。

UNILAC サービス会社
P.O. Box 4961, Bloomfield, KS 06002
(800) 474-4577
2007 年 10 月 28 日

ロン・ミーター
15 Lincoln Plaza
Patterson, NJ 07000

ミーター様

　貴殿のローンの最終支払い分を受領いたしました。小切手の清算が済み次第，担保をお返しいたします。期限どおりのお支払いに感謝するとともに，弊社とお取り引きいただきましたことに御礼申し上げます。
　ご質問などございましたら，あるいは私どもでさらにお役に立てることがございましたら，どうぞお気軽に上記の番号にお電話ください。

よろしくお願い申し上げます。

ジェイソン・スコット
顧客サービス部

【語句・用語】**P.O.Box**（= **Post Office Box**）私書箱／ **KS = Kansas** ／ **NJ = New Jersey** ／ **collateral** 担保／ **once your check clears** 小切手が清算されれば／ **if we can be of further service** もしさらにお役に立てることがあれば／ **Customer Service** 顧客サービス

■ 読解のポイント

> 書式からビジネスレターであるとわかる。送信者と受信者，手紙の目的，金銭の授受など具体的な取引の内容を押さえる。手紙の第 1 文に最も大事な情報があると思って読むこと《ルール 1》。

1. 正解 (C)

手紙が書かれた理由を聞いているので手紙全体をスキミングする《ルール3》。ビジネスレターでは冒頭に要点が書かれていることが多いため，第1文に注目《ルール1》。第1文に The final payment for your loan has been received…「最終のローンの支払いを受領しました」と書かれていることから正解がわかる。(C) 以外の選択肢にも，check，cleared，payment など本文中のキーワード多くが含まれているが，これらはひっかけであることに注意しよう《ルール13》。

設問の訳 この手紙はなぜ書かれたのか。
(A) 払い過ぎをミーター氏に告げるため。
(B) 小切手が清算できなかったことをミーター氏に知らせるため。
(C) ローンの完済をミーター氏に知らせるため。
(D) ローン返済の滞納をミーター氏に知らせるため。

2. 正解 (D)

第1文の後半 …and we will return your collateral… に該当部分がある。collateral は形容詞では「付随する，付帯的な」の意味があるが，ビジネス英語では名詞として「担保」の意味でも使う《ルール9》。この設問でも，正解以外の選択肢に金銭に関係する語句が多くが含まれているが，見た目だけで選択肢を選ばず，きちんと内容まで検討しよう《ルール13》。

設問の訳 ミーター氏が受領する物は何か。
(A) 信用限度額の引き上げ
(B) 支払いスケジュールの明細
(C) 未払い残高の返済
(D) ローンの担保として用いた物件または資金

730 設問 3 - 6 は次の広告に関するものです。

欠員募集通知
研究所部長

　持続的農業研究国際センター（ICRSA）は，全世界で農作物と家畜の生産システムにおいて樹木をよりよく活用し，食の確保と天然資源の保全に努めている国際的な研究機関です。

　研究所部長としての責務は，ICRSA の研究計画の作成および実施，ICRSA の研究部門の監督，42 人の主任研究者とアシスタントから成る学際的なチームの統括です。年間の研究予算はおよそ 1000 万米ドルです。

　候補者は生物物理学または社会学分野での博士号もしくは同等の学位取得者で，農業，林業，生態学，天然資源管理のうちいずれか 1 つの分野で幅広い経験を持つことが望まれます。さらに，候補者は管理の経験と会話力・作文能力にたけていなくてはなりません。英語を使いこなす能力は必須。スペイン語またはフランス語の実践的な知識が高く望まれます。

　ケニアのナイロビにある ICRSA 本部を拠点として，頻繁な出張をこなしていただきます。給与や手当についてはご相談に応じます。応募する場合は，詳細な履歴書を下記のあて先にお送りください。

　持続的農業研究国際センター　人事部
　PO Box 4433, Nairobi,
　Kenya

【語句・用語】**vacancy** 欠員／**director** 所長／**sustainable** 持続可能な／**foster** 〜を促進する，促す／**food security** 食物の確保／**conservation** 保全，保護／**shrub** 灌木／**implement** 〜を実施する／**oversee** 〜を監督する／**multidisciplinary** 学際的な，学問分野が多岐にわたる／**senior** 上席の，主任の／**approximately** およそ／**successful candidate** 適任者／**Ph.D.**（= Doctor of Philosophy）博士号／**equivalent** 同等のもの／**biophysical** 生物物理学の／**social science** 社会科学／**extensive** 幅広い／**forestry** 林業／**working knowledge** 実践的知識／**desirable** 望ましい／**negotiable**（= can be negotiated）交渉の余地のある

■読解のポイント

　タイトルの VACANCY という語から求人広告であることがわかる。求人広告を読む上での鉄則は，広告主の企業・機関などの活動内容，機関設立の目的，職責，採用条件，勤務地などに関する情報を素早く正確に読み取ることである《ルール 1》。

3. 正解 (C)

キーワードである research，ICRSA の語をスキャニングしよう《ルール 2》。第 1 文に研究の内容が書かれている。常識から考えると (B) (D) も正解のように見えるが，常識だけで解答してはいけない《ルール 13》。

設問の訳 ICRSA による研究の主眼の 1 つは何か。
(A) 樹木を人間と家畜の食料として利用
(B) 家畜の生産を通じて天然資源を保全
(C) 天然資源を保全するために，樹木を農業に利用
(D) 拙劣な農業・家畜生産の慣習によって生じる被害から，樹木を保護

4. 正解 (A)

responsible など職務内容に関連のある語句をスキャニングしよう《ルール 2》。第 2 段落に正解に関連する情報が書かれている。正解は本文の heading a multidisciplinary team of 42 senior scientists をパラフレーズしている (A) である《ルール 6》。(D) には $10 million という本文と同じ語句が使用されているが，これはひっかけである《ルール 13》。

設問の訳 研究所部長としての責務の 1 つは何か。
(A) 主任研究者のチームを統率
(B) 新種の食糧作物を研究
(C) 新たな人事手続きの策定と実施
(D) 1000 万ドルの年間研究予算を資金調達

5. 正解 (B)

選択肢から候補者に望まれる資格や条件が聞かれていることがわかる。本文をスキャニングすると，第 3 段落すべてが応募資格の説明に充てられていることがわかる《ルール 2》。本文の Ph.D.「博士号」を doctorate degree とパラフレーズしている (B) が正解《ルール 6》。(D) には本文に含まれる fluency「流ちょうさ」という語が含まれているが，これはひっかけである《ルール 13》。

設問の訳 広告に掲載された職について正しいものはどれか。
(A) 少なくとも 1 年間の勤務が要求される。
(B) 博士号または同等の学位が必要である。
(C) 専門分野で論文の発表の経験がある候補者が望ましい。
(D) 英語，スペイン語およびフランス語を使いこなす能力が要求されている。

6. 正解 (A)

本文から場所に関する語句をスキャニングしよう《ルール2》。最後の段落の最初の1文に The position, based in ICRSA's headquarters in Nairobi, Kenya,... とある。

設問の訳 研究所部長の勤務地はどこか。
(A) ケニア
(B) ロシア
(C) ニューヨーク本部
(D) 研究所本部

730 設問 7 - 11 は次の広告とメモに関するものです。

LMN 清掃会社

ご家庭やオフィスを清掃する必要がありますか？ LMN 清掃会社は，ご自宅や会社の大きさにもよりますが，たった3時間で清掃を済ませます。われわれのスタッフは，手際よく，綿密で，信頼できます。大きなオフィスには特典もご用意しております。価格見積もりは，937-1189 までお電話ください。

【語句・用語】**thorough** 徹底的な，完全な，きちょうめんな／**dependable** 信頼のおける／**quote** 見積もり額

エドナへ

われわれのオフィスの清掃に関して，この会社に電話してください。われわれのいすの清掃に関する価格見積もりも取っておいてください。2週間後に幹部が来るので，オフィスを最高の状態にしておきたいのです。
どうぞよろしく。

マーカス

【語句・用語】**executive** 幹部，高官／**in top shape** 最高の状態で

■ 読解のポイント

1つ目の文書は清掃会社の広告，2つ目の文書はその広告を見たマーカスが書いた連絡メモである。2つの文書の関係は間接的であり，パターン2に該当する《ルール11》。

7. 正解 (B)

清掃会社のサービスに関係する質問なので，広告から時間に関する語句をスキャニングすればよい《ルール 12》。

設問の訳 どれくらい速く，LMN 清掃会社は住宅やオフィスを清掃できるか。
- (A) 2 時間
- (B) 3 時間
- (C) 4 時間
- (D) 1 日

8. 正解 (C)

清掃会社の従業員に関係する質問なので，広告から従業員の特徴に関する語句をスキャニングしよう《ルール 12》。設問に NOT という否定語が含まれていることに注意《ルール 14》。

設問の訳 LMN 清掃会社のスタッフの特徴を言い表していないのはどれか。
- (A) 手際がよい
- (B) 綿密である
- (C) 親しみやすい
- (D) 信頼できる

9. 正解 (B)

同じく清掃会社のサービスに関係する質問なので，広告から特別サービスに関する語句をスキャニングしよう《ルール 12》。

設問の訳 LMN 清掃会社が提供するものは何か。
- (A) 年末セール
- (B) 大きなオフィスへの特典
- (C) カーペット掃除の特典
- (D) 初回利用者への特典

10. 正解 (B)

マーカスに関する質問なので，正解はメモに書かれている《ルール 12》。キーワードである clean を本文中からスキャニングしよう。

設問の訳 マーカスがとくにきれいにしたいのは何か。
- (A) 机
- (B) いす
- (C) カーペット
- (D) 本棚

11. 正解 (D)

同じくマーカスに関する質問なので，メモをスキャニングしよう。本文の最後の文 We have executives coming in two weeks,... から，正解は (D)。

設問の訳　なぜマーカスはオフィスを清掃させたいのか。
（A）　年末だから。
（B）　いつもの清掃業者が辞めたから。
（C）　LMN が特価を提供しているから。
（D）　会社の幹部が来るから。

900 設問 12 - 16 は次の請求書と通知に関するものです。

カイバーインターネットサービス株式会社　－　請求明細書
1838 Lancaster Dr. NE, Salem, OR 97301

日付：2007 年 3 月 15 日
支払期限：2007 年 4 月 1 日
請求書 ID：00483346265

トム・J・チャーマック
5188 Wittenberg Lane North
Keizer, OR 97303

製品の説明	値段	開始時期	終了時期
インターネット・パッケージ（tjchermack）	$19.95	'07/01/15	'07/02/15
インターネット・パッケージ（tjchermack）	$19.95	'07/02/15	'07/03/15
今回の合計請求額：	$39.90		

会計概略

前回の請求額：	19 ドル 95 セント
支払額：	-0
繰り越し残高：	19 ドル 95 セント
今回の合計請求額：	39 ドル 90 セント
未払い合計額：	**39 ドル 90 セント**

注意事項：
請求書には，未払いの 19 ドル 95 セントの残高も反映されています。サービスが中止されないようにするためには，未払い合計額を送金してください。

【語句・用語】**bill** 請求書／**invoice** 送り状，請求明細書／**description** 記述，説明／**due** 支払われるべき料金／**reflect** 〜を反映する／**interruption** 中断／**remit** 送金する

カイバーインターネットサービス株式会社
請求方針

スケジュール
請求書は，請求期間の 15 日ごろ（あるいは直近の営業日）に e メールで送られます。支払い期限は，翌月の 1 日です。

日割り計算について
最初に契約する際は，登録料と 1 請求期間分の支払いをしていただきます。最初の請求書には，月初めまで日割り計算した追加分の料金が，次の請求期間分の料金に含まれています。

小切手／現金
カイバーインターネットサービス株式会社あてに，小切手を書いてください。すべての小切手に，アカウント番号とユーザー名を書いてください。こちらにいらして現金でお支払いになる場合は，必ずユーザー名を覚えておいてください。小切手の郵送先は以下のとおりです：

　　　　　カイバーインターネットサービス株式会社
　　　　　受取勘定係

　　　　　1838 Lancaster Dr. NE,
　　　　　Salem, OR 97301

クレジットカード
クレジットカードでお支払いになる場合には，e メールで計算書のみをお受け取りになります。クレジットカード決済は，最初の取引可能な営業日に実行されます。うまくいかない場合には，問題解決のためにお客様に電話いたします。

【語句・用語】**policy** 方針／**business day** 営業日／**pro-rate** 日割り計算する／**activation** 起動，有効化／**transaction** 取引，決済

■ 読解のポイント

Khyber Internet Services という語句が両方の文書に登場していることに注目。1つ目は Khyber Internet Services という会社から Tom Chermack あてに送付された請求書，2つ目は同社の請求方針に関する文書である。2つの文書の関係が間接的な，パターン2の問題である《ルール11》。

12. 正解 (D)

Tom Chermack というキーワードが質問文に含まれているので，「請求書」の方に正解の手掛かりが含まれていることがわかる《ルール12》。Previous Billing: $19.95，Your bill reflects an unpaid balance of $19.95. から，以前の未納分が含まれている。

設問の訳　トム・チャーマックへの請求書について正しいものはどれか。
(A) オンライン注文のためのものである。
(B) 遅れた支払いへの手数料が含まれている。
(C) コンピュータネットワークの導入のためのものである。
(D) 前回請求分の未払い残高が含まれている。

13. 正解 (B)

設問 12. と同様に Tom Chermack というキーワードが質問文に含まれているので，「請求書」の方に手掛かりがある。total および金額に関する語句をスキャニングしよう《ルール12》。TOTAL DUE: $39.90 から正解が推測できる。

設問の訳　トム・チャーマックは，合計でいくらの支払いが残っているか。
(A) 19 ドル 95 セント
(B) 39 ドル 90 セント
(C) 59 ドル 55 セント
(D) 79 ドル 80 セント

14. 正解 (A)

1つ目の文書は「請求書」，2つ目の文書は「請求方針」であるため，2つ目の文書に正解が示されている可能性が高い《ルール12》。「請求方針」から payments，due および時期に関する語句をスキャニングしよう。Schedule の項にある Payment is due on the 1st of the following month. から正解がわかる。

設問の訳 通常，カイバーインターネット社への支払期限はいつか。
- (A) 毎月 1 日
- (B) 毎月 15 日
- (C) 請求書が到着してから 10 日後
- (D) 請求書が到着してから 1 か月後

15. 正解 (C)

この質問も請求方針に関するものであり，また，4 番目の設問であることからも 2 つ目の文書に正解の手掛かりが含まれている可能性が高い《ルール 12》。「請求方針」の文書から require, first-time customers に関する語句をスキャニングしよう。Pro-rating の項にある When you first sign up you pay for activation and one billing period. が正解に該当する。

設問の訳 カイバーインターネット社が初めての顧客に要求していることは何か。
- (A) 2 種類の ID
- (B) 保証金
- (C) 先払い
- (D) 1 年契約

16. 正解 (C)

質問の内容は支払いの方針に関するものである。さらに最終の設問なので，正解は 2 つ目の文書に書かれている可能性が高い《ルール 12》。Checks / Cash の項の Write your account number and username on every check,... を受動態でパラフレーズした (C) が正解《ルール 6》。常識から考えると (A) (B) (D) は一見正解のように見えるが，常識だけで解答してはいけない《ルール 13》。

設問の訳 カイバーインターネット社の支払いの方針について，何が述べられているか。
- (A) 現金での支払いは受けつけない。
- (B) クレジットカードでの支払いは即座に処理される。
- (C) すべての小切手にアカウント番号を書かなくてはならない。
- (D) 営業時間中は，電話での支払いも可能である。

900 設問 17 - 21 は次の e メールに関するものです。

送信者：ゲーリー・ボン [bonngary@yahoo.de]
受信者：ジェイ・マローン [malone@lycos.com]
件　名：支払い

マローン様

私が 5 月にラテラルデザインズへ提供したフリーランスの仕事に関して，書いております。5 月 3 日から 29 日まではヘレン・シューマンさんとともに，5 月 30 日から 6 月 15 日までは 1 人で，GS プロジェクトに従事しました。

私の情報を提出し，仕事の対価として小切手を受け取るだろうとのお知らせをいただいたのですが，まだ何も支払いがなされていません。

私が何をすべきかについて，できるだけ早く私に連絡をください。必要ならば，オフィスに出向いて小切手を受け取ることもできます。

よろしくお願いいたします。
ゲーリー・ボン

【語句・用語】**in regards to** ～ ～に関連して／**submit** 提出する／**have yet to** *do* まだ～していない

送信者：ジェイ・マローン [malone@lycos.com]
受信者：ゲーリー・ボン [bonngary@yahoo.de]
件　名：Re：支払い

ボン様

お支払いについてご迷惑をお掛けいたしましたことを深くおわび申し上げます。

この問題について調査しました結果，当方の所に小切手がありました。郵送されるように手配をしたのですが，以前おりました秘書が見逃してしまったようです。今日の昼食の際に私自身が速達郵便で郵送いたします。明日には届くはずです。

寛容なご対応とご理解をありがとうございます。このようなことは通常ありえないことでして，今後当社とおつき合いくださるのでしたら，このような問題を再び起こさないことをお約束いたします。

よろしくお願いいたします。
ジェイ・マローン

【語句・用語】 **inconvenience** 不都合／ **overlook** 見逃す／ **express mail** 速達郵便／ **assure** 保証する，約束する

■読解のポイント

2つのeメールではeメールの送信者と受信者の名前が入れ替わっている。このことから，2つ目のeメールは1つ目への直接の返信なので，2つの文書の関係はパターン1であることがわかる。《ルール11》。1つ目のeメールはボン氏が報酬の未払いについて問い合わせているもので，2つ目のeメールはそのことに対するマローン氏からの返信である。

SECTION 3　さらなるハイスコアを目指す発展テクニック

203

17. 正解 (D)

設問の位置から1つ目のeメールに手掛かりがある可能性が高いと想像できる《ルール12》。時期に関する語句をスキャニングしよう。本文第1段落の第2文に5月3日から6月15日まで仕事をしたという内容の記述がある。

設問の訳 ボン氏がラテラルデザインズの仕事をしたのはいつか。
(A) 2月
(B) 3月
(C) 4月
(D) 5月

18. 正解 (A)

質問文に …Mr. Bonn offer? とあるので，1つ目のeメールから「提案」に関する語句をスキャニングしよう《ルール12》。末文に I can visit the office to pick up the check if needed. とあり，これが (A) と合致する。

設問の訳 ボン氏が申し出ているのは何か。
(A) オフィスで小切手を受け取ること
(B) 会社に彼へ支払うためのさらなる猶予を与えること
(C) マローン氏をデザインコンサルタントに紹介すること
(D) ラテラルデザインズへのフリーランスの仕事をさらに引き受けること

19. 正解 (A)

質問文からだけではどちらのeメールに正解があるか判断できない。また，3つ目の設問は1つ目の文書に正解がある場合と，2つ目の文書に正解がある場合の両方の可能性があるため，設問の配列パターンでも判断できない《ルール12》。内容を考えると，報酬の小切手を郵送するのは雇い主であるマローン氏側だと考えられる。そこで，2つ目のeメールから正解を探そう。本文第2段落の I will personally mail it to you… (it = the check) から，マローン氏本人が郵送することがわかる。

設問の訳 誰が小切手を郵送するか。
(A) マローン氏
(B) 以前の秘書
(C) 現在の秘書
(D) マローン氏の個人的なアシスタント

20. 正解 (B)

設問の配列パターンから2つ目のeメールをスキャニング《ルール12》。時期に関する語句を探そう。You should receive it tomorrow. から正解がわかる。

設問の訳 ボン氏が小切手を受け取るのはいつか。
- (A) 同日
- (B) 次の日
- (C) 3〜5日後
- (D) 1週間後

21. 正解 (D)

設問の配列パターンから2つ目のeメールに正解がある《ルール12》。キーワード reassure「〜を安心させる」についてスキャニングしよう。本文の第3段落第2文の I can assure you… の1文の最後に this problem will not be repeated と，(D) と同じ表現が見つかる。

設問の訳 どのようにしてマローン氏はボン氏を安心させているか。
- (A) ボン氏をランチに招くことによって
- (B) ボン氏の小切手の金額を調べることによって
- (C) GSプロジェクトにおける彼の仕事を称賛することによって
- (D) この問題が二度と起きないことを約束することによって

730 設問 22 - 26 は，次のウェブサイトの投稿と e メールに関するものです。

評価：(5) 優
ユーザー ID ： jenny101

Rightfit.com から，たった 2 日で荷物が届きました。靴が合わない以外はすべて完ぺきです。ライトフィット社の素晴らしい返品方針に感謝しつつ，私は靴を返品します。

【語句・用語】**posting** 掲示，投稿／**rating** 評価

受信者 ： jenny101@gmail.com
送信者 ： customer@rightfit.com
件　名：お客さまへの感謝

お客さま

好意的なご感想と当社へのご協力をどうもありがとうございます。感謝の印として，次回のご購入時にお使いいただける 20 パーセントの割引クーポンをお受け取りください。

1 年間有効のこのクーポンをお使いになるためには，精算の際にコード番号 **8370 – 83839 – 112 – jenny 101** を入力してください。最終的な価格は自動的にサイト上で更新されます。

Rightfit.com でお買い物していただき，ありがとうございます。

【語句・用語】**appreciation** 感謝／**purchase** 購入／**be good for** 〜 〜の期間有効である

■読解のポイント

1つ目の文書は，最初の指示文にwebsite postingと紹介されており，また2行目にUser ID: jenny101とあるのでこれは電子掲示板への投稿文であろう。2つ目の文書はjenny101@gmail.comあてのeメールであることから，これは1つ目の文書への直接の返信であると考えられる。2つの文書に直接的な関係があるパターン1の問題《ルール11》。ウェブサイトの投稿文ではこの顧客がRightfit.comのサービスを評価しており，返信eメールは顧客への感謝を伝えている。

22. 正解 (A)

顧客の評価をたずねているので，ウェブサイトの投稿文に正解があると考えられる。設問の配列パターンから考えても，1つ目の文書に正解がある可能性が高い《ルール12》。評価に関する語句をスキャニングすると，Rating: (5) Superiorとある。

設問の訳　この顧客は，Rightfit.comのサービスをどのように思ったか。
(A) 素晴らしかった。
(B) 良かった。
(C) 満足できなかった。
(D) 劣っていた。

23. 正解 (D)

顧客の行動に関する質問なので，ウェブサイトの投稿文からreturnをスキャニングしよう《ルール12》。I will return the shoes. が正解の根拠となる個所。

設問の訳　この顧客は何を返品するか。
(A) ドレス
(B) ブラウス
(C) ジーンズ
(D) 靴

24. 正解 (A)

この質問も顧客からの評価をたずねているので，ウェブサイトの投稿文に正解がある可能性が高い《ルール 12》。good など，良い評価を表す語句をスキャニングすると，Thanks to Rightfit's great return policy,... が見つかり，返品方針を高く評価していることがわかる。

設問の訳 Rightfit.com についてこの顧客が良いと思っていることは何か。
- (A) 返品方針
- (B) 親切なサービス
- (C) 製品の品質
- (D) 品ぞろえ

25. 正解 (B)

質問文からだけではどちらの文書に正解の手掛かりがあるのか判断がつきにくいが，最後の 2 問は第 2 の文書，つまり返信 e メールに正解がある可能性が高い《ルール 12》。coupon および価格に関する語句をスキャニングすれば正解がわかるはずだ。

設問の訳 割引クーポンはどの程度か。
- (A) 10 パーセント
- (B) 20 パーセント
- (C) 30 パーセント
- (D) 40 パーセント

26. 正解 (C)

設問 25. と同様，返信 e メールに正解がある。coupon および時期に関する語句をスキャニングしよう《ルール 12》。本文第 2 段落の第 1 文の …when you check out. を言い換えた (C) が正解。

設問の訳 顧客はいつ割引クーポンを使えばよいか。
- (A) 買い物の前
- (B) 2 週間以内
- (C) 精算の際
- (D) 商品を受け取った後

Chapter 2
模擬テスト

The TOEIC test directions are reprinted by permission of Educational Testing Service, the copyright owner. However, the test questions and any other testing information are provided in their entirety by Obunsha Co., Ltd. No endorsement of this publication by Educational Testing Service should be inferred.

PART 7

Directions: In this part you will read a selection of texts, such as magazine and newspaper articles, letters, and advertisements. Each text is followed by several questions. Select the best answer for each question and mark the letter (A), (B), (C), or (D) on your answer sheet.

Questions 1 - 2 refer to the following memorandum.

Dad,

Please don't forget to pick me up from ballet practice at 6. I have to be at Melanie's by 6:30 p.m. so we can work on our science project.

Tell mom I'll eat at Melanie's. I think we're going to have pizza.

Love,
Sarah

1. What time does Sarah finish ballet class?
    (A) 6:00 p.m.
    (B) 6:30 p.m.
    (C) 7:00 p.m.
    (D) 7:30 p.m.

2. Why is Sarah going to Melanie's house?
    (A) To eat dinner
    (B) To play games
    (C) To do science homework
    (D) To practice for a concert

Questions 3 - 4 refer to the following advertisement.

Wanted: PART-TIME SECRETARY

The Williamson and Davis Law firm is looking for a part-time afternoon secretary to work weekdays. Good typing skill is a plus. Must be a college student or college graduate. Hours are from 1 p.m. to 5 p.m. Pay is negotiable. Please send your résumé and salary requirements to jerry@williamsondavis.com. No phone calls please.

---

3. What must applicants have as a minimum requirement?
   (A) A computer
   (B) A reliable car
   (C) A high school diploma
   (D) Education beyond high school

4. What should applicants send to apply?
   (A) Photo
   (B) References
   (C) College transcripts
   (D) How much money they expect

Go on to the next page.

Questions 5 - 7 refer to the following e-mail.

From: shipping@epsilon.com
To: Venus Thomas [venus@yahoo.co.uk]
Subject: Shipping confirmation

This e-mail is to confirm that order number 0483812729 was shipped surface mail on January 15. Please wait 7-10 working days to receive it.

Your order is as follows:

M83 Zip Drive
C39 Cable

Total: $104.38

Payment: By credit card received January 10.

Please keep this confirmation as a receipt for your records.

Thank you for shopping with Epsilon. Visit www.epsilon.com for all your computer needs.

5. What is this e-mail confirming?

(A) Order receipt
(B) Buyer's address
(C) Payment receipt
(D) Product shipping

6. What did Ms. Thomas purchase?

(A) Connectors
(B) A converter
(C) A zip drive
(D) A hard drive

7. How did Ms. Thomas pay for her purchase?

(A) Check
(B) Money order
(C) Credit card
(D) Bank transfer

Go on to the next page.

Questions 8 - 10 refer to the following advertisement.

Today! Save 43 percent off the newsstand price when you order *Money and Marketing*. For only $34, you get in-depth information on all the new companies as well as expert opinions about banking and investing. Learn about the Asian and European markets as well as what companies to keep your eye on.

Order now and you will receive a 14-carat white gold plated money clip absolutely free.

Satisfy your quest for money; sign up for a one-year subscription of *Money and Marketing* for only $34.

8. According to the advertisement, how much do customers save?
   (A) 30 percent
   (B) 34 percent
   (C) 40 percent
   (D) 43 percent

9. What is NOT included as a benefit of ordering a subscription?
   (A) Learning about foreign markets
   (B) Getting a personal stock analysis
   (C) Learning about domestic investing
   (D) Saving money off the newsstand price

10. What will customers get by ordering a subscription?
    (A) Money clip
    (B) Cuff links
    (C) Baseball cap
    (D) Gold necklace

Questions 11 - 13 refer to the following e-mail.

From: Jason Bennett [jason@bennettcorp.com]
To: Jill Evans [jill@bennettcorp.com]
Subject: Monday

Hi, Jill,

I won't be in the office on Monday, so I'll need a few things done.

Please reschedule my Monday appointments for later in the week. I'll be working until 8 p.m. so you can schedule until 6 p.m. if needed.

Mr. LaSalle of the Bernie & Schaefer Group will stop by to drop off some documents. Please put them on my desk. You will also need to give him the black folder marked "Bernie & Schaefer." I left that folder on your desk.

Please cancel my Tuesday lunch appointment with Ms. Durst. It is just a casual lunch. You can reschedule it for Monday next week, if she asks.

Thank you for your hard work! I hope you're having a great time in Costa Rica!

Jason

11. Until what time should Jill reschedule Mr. Bennett's appointments?
 (A) 5 p.m.
 (B) 6 p.m.
 (C) 7 p.m.
 (D) 8 p.m.

Go on to the next page.

12. What should Jill give Mr. LaSalle?
   (A) A black folder
   (B) A company profile
   (C) A list of documents
   (D) Mr. Bennett's home number

13. For when can Jill reschedule the luncheon with Ms. Durst?
   (A) Thursday
   (B) Friday
   (C) Monday
   (D) Tuesday

Questions 14 - 16 refer to the following news brief.

> Retail clothier Sag, Inc. announced Tuesday that it has signed a deal with Le Parfum Ltd. of France that would help expand its line of perfumes and personal-care products.
>
> The agreement came at a time of decline for Sag, Inc., which has seen its sales drop for fourteen straight quarters. By pairing with a famous perfume maker, Sag hopes to expand sales to the level it achieved in the late nineties, and regain its reputation as a quality retailer.
>
> Sag will sell the new products at its higher-end La Saggia store, keeping other products in its regular Sag store.
>
> Although the two companies released no financial information, Sag, Inc. stock increased to $16.23 per share.

14. When did the companies make their deal public?
    (A) Monday
    (B) Tuesday
    (C) Wednesday
    (D) Thursday

15. The word "expand" in paragraph 2, line 3, is closest in meaning to
    (A) develop
    (B) prolong
    (C) explain
    (D) increase

16. During which of the following periods was Sag, Inc. probably most successful?
    (A) 1985-1989
    (B) 1990-1994
    (C) 1995-1999
    (D) 2000-2004

Go on to the next page.

Questions 17 - 20 refer to the following news brief.

Market researcher Fairfax said Wednesday that European and African sales of notebook computers have grown by 17.4 percent to 14.9 million units in the third quarter from the previous year.

Notebook shipments worldwide totaled 46.9 million units in the third quarter, a 13.8 percent increase from a year earlier. Notebook units shipped to the U.S. totaled 15.2 million units, which is a 10.2 percent increase, while shipments to the Asia/Pacific region totaled 16.8 million units, up 17.1 percent from the previous year.

Leading sellers include Trell, Sumsang, and Dony while Fairfax reported G&M computers were on the rise in Asia and Europe.

17. What region saw the highest rate of notebook sales?
- (A) Asia / Pacific
- (B) United States
- (C) South America
- (D) Europe / Africa

18. What quarter does the report concern?
- (A) First
- (B) Second
- (C) Third
- (D) Fourth

19. By how much did worldwide notebook shipments increase?
- (A) 10.2 percent
- (B) 13.8 percent
- (C) 17.1 percent
- (D) 17.4 percent

20. What computer maker saw sales on the rise in Asia and Europe?
- (A) G&M
- (B) Trell
- (C) Dony
- (D) Sumsang

Go on to the next page.

Questions 21 - 24 refer to the following announcement.

The Langley Arts foundation would like to invite the public to a celebration of local authors and artists entitled *Love for Langley*. The event will be held at the Langley Arts Center on Saturday, November 7, at 6 p.m.

The event will feature paintings and photographs by local artists Herbert Welch and Ramona D'Arby. Camellia Jordan, whose works also appear, will read a passage from her soon-to-be-released novel, *Stranger's Calling*. Music will be provided by the Langley Quartet.

Guests will also experience an elegant five-course meal followed by refreshments. Tickets are $20 per guest and $15 per member. Reservations can be made by calling Duane Richards at 245-3838 or by emailing event@langleyart.net. More info can be found at www.langleyart.net.

21. Who is sponsoring the event?
 (A) Langley Quartet
 (B) Langley Arts Center
 (C) Langley City Council
 (D) Langley Arts Foundation

22. What will be on display at the Langley Arts Center?
 (A) Murals
 (B) Photographs
 (C) Installations
 (D) Artist profiles

23. What Langley artist is also an author?
 (A) Herbert Welch
 (B) Ramona D'Arby
 (C) Duane Richards
 (D) Camellia Jordan

24. What is the price of tickets for non-members?
 (A) $10
 (B) $15
 (C) $20
 (D) $25

Go on to the next page.

Questions 25 - 28 refer to the following e-mail.

From: Carla Stone [stone@gamutfashions.com]
To: Fernando Hernandez [fhernandez@factoria.com]
Subject: Factoria's Production

Dear Mr. Hernandez,

I would like to thank you for the high output your factory produced for us last quarter. Your hard work helped increase our sales by 22 percent over last year.

After meeting with Gamut executives, we would like to extend our contract that will end this year. Of course, the contract will offer more money but will also require 30 percent more output from your factory.

I will be flying to Guadalajara next week to meet with you.

Congratulations and keep up the hard work. I will see you next Tuesday when we negotiate.

Yours truly,
Carla Stone

25. What does Ms. Stone attribute to Gamut's increased sales?
   (A) Factoria's high output
   (B) Factoria's low overhead
   (C) Factoria's good location
   (D) Factoria's good management

26. What is Gamut Fashions offering Mr. Hernandez?
   (A) More employees
   (B) A new contract
   (C) A new building
   (D) A salary increase

27. How much more of an output is Gamut Fashions asking?
   (A) 10 percent
   (B) 20 percent
   (C) 30 percent
   (D) 40 percent

28. Why is Ms. Stone flying to Guadalajara?
   (A) To negotiate
   (B) For vacation
   (C) To visit the plant
   (D) To see her relatives

Go on to the next page.

Questions 29 - 33 refer to the following advertisement and application.

Bank One Credit Card

With an annual percentage rate (APR) as low as 1.9 percent, Bank One Credit Card is a great start for college students or people looking to get a lower interest rate.

To apply for a card, please complete the attached application. Most applicants are approved. Applications must be entirely completed in black ink or typed.

Please allow 2 – 3 weeks for processing.

Name: *Linda Ferguson* **Date:** *July 10* **Phone:** *(612) 234-8483*
Address: *9483 Herring Lane*
City: *Minneapolis* **State:** *MN* **Zip:** *55405*

Please list any other credit cards you have:
Visa Platinum, American Express

Please mark your income bracket:
☐ under 15,000   ☐ 15,000-25,000   ☑ 25,000-40,000   ☐ over 40,000

If approved, how much would you like to transfer to your new account?
Amount: *$7,000*
Card number: *AMEX 0237 8392 8482 9021*
Expiration: *10/09*

29. What is the target market for the Bank One Credit Card?
 (A) Professionals
 (B) People in debt
 (C) Small businesses
 (D) College students

30. About how long must applicants wait to find out if they are approved?
 (A) 5 days
 (B) 10 days
 (C) 15 days
 (D) 30 days

31. Where does Ms. Ferguson live?
 (A) St. Paul
 (B) Lawrence
 (C) Annapolis
 (D) Minneapolis

32. If approved, how many credit cards will Ms. Ferguson have?
 (A) One
 (B) Two
 (C) Three
 (D) Four

33. If approved, how much will Ms. Ferguson transfer to her new card?
 (A) $5,000
 (B) $7,000
 (C) $15,000
 (D) $17,000

Go on to the next page.

Questions 34 - 38 refer to the following advertisement and letter.

THE CHEAPEST AIR TICKETS AROUND!

Osaka	$250	Taipei	$400
Hong Kong	$300	Beijing	$400
Tokyo	$300	Shanghai	$400
Manila	$350	Jakarta	$600

Looking to travel to Asia? Right Travel has the best roundtrip tickets to your favorite destinations. We offer friendly service at affordable prices.

Call 5468-9878 to speak with a representative or visit our website at www.righttravel.com to see a full list of our prices.

Prices listed above do not include sales tax. A one-week minimum stay is required.

From: Min Hubert [minhub@yahoo.com]
To: agent@righttravel.com
Subject: Advertisement 7/10

To Whom It May Concern:

I visited your downtown offices on Monday because I saw your ad in Sunday's newspaper.

When I visited your office, the travel agent explained that there were no flights available for the listed price, yet there were available flights for $600. I was astonished.

I'm not sure if it is normal for your company to sell out of advertised tickets in less than one day, but I feel like I was misled.

Sincerely,
Min Hubert

34. If a customer has $300 to spend, what is a possible destination?
    (A) Osaka
    (B) Tokyo
    (C) Beijing
    (D) Hong Kong

35. To where does Right Travel specialize in ticketing?
    (A) Asia
    (B) Oceania
    (C) East Africa
    (D) Eastern Europe

36. In the advertisement, the word "looking" in paragraph 1, line 1, is closest in meaning to
    (A) browsing
    (B) appealing
    (C) expecting
    (D) organizing

37. When was the advertisement published?
    (A) Monday
    (B) Wednesday
    (C) Saturday
    (D) Sunday

Go on to the next page.

38. How did Mr. Hubert feel after leaving Right Travel's office?
   (A) Happy
   (B) Cheated
   (C) Amazed
   (D) Excited

Questions 39 - 43 refer to the following correspondence.

From: Marcus Hardy [mhardy@hotmail.com]
To: Virginia Peoples [virginia@goldbergltd.com]
Subject: Advertising Manager Position

Dear Ms. Peoples:

    Allow me to reiterate my interest in joining your company as Advertising Manager.
    As a professional with a Master's degree in Communication, I eagerly await the opportunity to be further challenged in my career.
    I believe my skills, accomplishments, and 10-year professional history show a strong commitment in helping companies communicate with the public. Furthermore, I feel my background conforms well with the position of Advertising Manager.
    Thank you for your time, Ms. Peoples, and I look forward to hearing from you.

Sincerely,
Marcus Hardy

From: Virginia Peoples [virginia@goldbergltd.com]
To: Marcus Hardy [mhardy@hotmail.com]
Subject: Re: Advertising Manager Position

Dear Mr. Hardy,

    Thank you for your continued interest in Goldberg Ltd. I apologize for not responding sooner. We received more applications than we expected.
    I would like to schedule and interview with you as soon as possible, preferably this week, on Thursday or Friday.
    Please call me at 394-8584. Our office is on the 10th floor of the Intel Building downtown.

Go on to the next page.

> I look forward to meeting you.
>
> Yours truly,
> Virginia Peoples

39. Why did Mr. Hardy write this e-mail?
   (A) To apply for a job
   (B) To boast about his background
   (C) To follow up on his application
   (D) To see if the company is hiring

40. What did Mr. Hardy study?
   (A) Business
   (B) Art history
   (C) Communication
   (D) Social sciences

41. For how long has Mr. Hardy worked as a professional?
   (A) 5 years
   (B) 10 years
   (C) 15 years
   (D) 20 years

42. When does Ms. Peoples want to meet Mr. Hardy?
   (A) Monday
   (B) Tuesday
   (C) Wednesday
   (D) Thursday

43. Where is Ms. Peoples' office?
   (A) Trump Tower
   (B) Intel Building
   (C) Uptown Building
   (D) Goldberg Building

Questions 44 - 48 refer to the following correspondence.

From: Brad Potts [bpotts@msn.com]
To: Gayle Wilshire [gayle@ritztrading.com]
Subject: Courier

Dear Ms. Wilshire,

My friend Jonathan Pearcy, who works as a trader, advised me that you were looking for a courier to take important documents from New York to Nicaragua.

Since I'm on summer break from graduate school, I would be happy to take the documents for you. If you like, I can give you additional references and send my résumé.

Please tell me of the circumstances involved in this project.

Thank you,
Brad Potts

From: Gayle Wilshire [gayle@ritztrading.com]
To: Brad Potts [bpotts@msn.com]
Subject: Re: Courier

Dear Mr. Potts,

Mr. Pearcy is a good friend of mine, so no additional references will be needed. Please understand that these documents are very important and time sensitive.

You will be leaving New York on Saturday at 6 a.m. This is the earliest flight available so I had to take it.

Please visit me Friday for lunch and we will discuss the terms and conditions. When scheduling, allow two days for travel and plan to stay in Managua for five days, which should be time enough for the company there to prepare their documents and give them back to you.

This is classified information so please do not talk about this with anybody. I will see you Friday at 11:30 a.m. My direct-dial number is 832-3487 if you have any questions.

Thank you for your help.

Sincerely,
Gayle Wilshire

44. What does Mr. Potts' friend work as?
 (A) Broker
 (B) Trader
 (C) Courier
 (D) Translator

45. To where will Mr. Potts be taking documents?
 (A) Honduras
 (B) Nicaragua
 (C) New Jersey
 (D) New Hampshire

46. On what day will Mr. Potts leave?
 (A) Thursday
 (B) Friday
 (C) Saturday
 (D) Sunday

47. For how long will Mr. Potts be away?
 (A) 3 days
 (B) 5 days
 (C) 7 days
 (D) 10 days

Go on to the next page.

48. The word "classified" in passage 2, paragraph 4, line 1, is closest in meaning to
(A) Grade
(B) Category
(C) Consecutive
(D) Confidential

模擬テスト 解答・解説

Part 7
（問題 p.212 〜 236）

1. (A)	17. (D)	33. (B)
2. (C)	18. (C)	34. (A)
3. (D)	19. (B)	35. (A)
4. (D)	20. (A)	36. (C)
5. (D)	21. (D)	37. (D)
6. (C)	22. (B)	38. (B)
7. (C)	23. (D)	39. (C)
8. (D)	24. (C)	40. (C)
9. (B)	25. (A)	41. (B)
10. (A)	26. (B)	42. (D)
11. (B)	27. (C)	43. (B)
12. (A)	28. (A)	44. (B)
13. (C)	29. (D)	45. (B)
14. (B)	30. (C)	46. (C)
15. (D)	31. (D)	47. (C)
16. (C)	32. (C)	48. (D)

【訳】設問1-2は次のメモに関するものです。

> お父さんへ
> 　バレエの練習を終える6時に迎えに来ることを忘れないでね。科学の宿題をするから，メラニーの所に6時30分までに着かなくてはならないの。
> 　お母さんには，メラニーの所で食事するって言っておいて。ピザを食べると思うわ。
>
> 愛を込めて
> サラ

【語句・用語】**memorandum** メモ

1. 正解 (A)

質問文が What time で始まっていることに注目。本文から時間に関する語句をスキャニングしよう《ルール2》。

設問の訳　サラがバレエの授業を終えるのは何時か。
(A) 午後6時
(B) 午後6時30分
(C) 午後7時
(D) 午後7時30分

2. 正解 (C)

本文から Melanie をスキャニングしよう《ルール2》。第1文に I have to be at Melanie's by 6:30 p.m. so we can work on our science project. とある。science project が science homework とパラフレーズされている (C) が正解《ルール6》。

設問の訳　なぜサラはメラニーの家に行くのか。
(A) 夕食を取るため
(B) ゲームをするため
(C) 科学の宿題をするため
(D) コンサートの練習をするため

【訳】設問 3 - 4 は次の広告に関するものです。

募集：非常勤秘書

ウィリアムソン・アンド・デービス法律事務所は，平日の午後に働いてくださる非常勤の秘書を探しています。優れたタイプの技能があればより評価されます。大学生か，大学を卒業していることが必須です。就業時間は午後 1 時から午後 5 時です。給与は交渉可能です。履歴書と給与希望額を jerry@williamsondavis.com まで送ってください。電話はご遠慮ください。

【語句・用語】**advertisement** 広告／**secretary** 秘書／**law firm** 法律事務所／**plus** 望ましい点／**negotiable** 交渉可能な，交渉できる／**résumé** 履歴書／**requirement** 要求

3. 正解 (D)

must, requirement など必須の条件に関する語句をスキャニングしよう《ルール 2》。Must be <u>a college student or college graduate</u>. から，正解は，それを Education beyond high school とパラフレーズしている (D) である《ルール 6》。

設問の訳 応募者が最低限の条件として持っていなければならないものは何か。
(A) コンピュータ
(B) 信頼できる車
(C) 高校卒業資格
(D) 高校よりも上位の学歴

4. 正解 (D)

send に関する語句をスキャニングしよう《ルール 2》。Please send your résumé and <u>salary requirements</u> to jerry@williamsondavis.com. から，正解は (D) である。

設問の訳 応募者が応募のために送らなくてはならないものは何か。
(A) 写真　　　　　　　　　　　(B) 推薦状
(C) 大学の成績証明書　　　　　(D) どのくらい給与が欲しいかについて

【訳】設問5-7は次のeメールに関するものです。

送信者：shipping@epsilon.com
受信者：ビーナス・トーマス [venus@yahoo.co.uk]
件　名：発送確認

このeメールは，注文番号0483812729の品が陸上便によって1月15日に発送されたことを確認するものです。お受け取りまで7～10営業日お待ちください。

あなたの注文は以下のとおりです。

M 83型ジップドライブ
C 39型ケーブル

合計：104ドル38セント

支払い：クレジットカード，1月10日受け付け

お客さまの記録のために，この確認書を領収書として保管してください。

エプシロンでお買い物をしていただき，ありがとうございます。コンピュータに関するご用命は何でも www.epsilon.com をおたずねください。

【語句・用語】**shipping** 発送／**confirmation** 確認／**confirm** 確かめる／**ship** 発送する／**surface mail**（航空便に対して）陸上便，船便／**working day** 平日，営業日

5. 正解 (D)

本文を読む前に見出しをチェックしよう《ルール1》。Shipping confirmation という件名から，このeメールの目的がわかる。正解は (D) である。

設問の訳　このeメールが確認しているのは何か。
(A) 注文の受領書
(B) 購入者の住所
(C) 支払いの領収書
(D) 製品の発送

6. 正解 (C)

質問文に purchase とあるので，purchase や製品名と思われる語句をスキャニングしよう《ルール 2》。Your order is as follows: M83 Zip Drive, C39 Cable の記述から，購入品目は 2 つとわかるが，選択肢の中では (C) A zip drive が正しい。

設問の訳 トーマスさんは何を購入したか。
(A) コネクター
(B) コンバーター
(C) ジップドライブ
(D) ハードドライブ

7. 正解 (C)

pay という語あるいは支払い方法に関する語句をスキャニングすると，Payment: By credit card received January 10. という 1 文が見つかる《ルール 2》。よって，正解は (C) である。

設問の訳 トーマスさんはどのように購入品の支払いをしたか。
(A) 小切手
(B) 郵便為替
(C) クレジットカード
(D) 銀行振り込み

【訳】設問 8 - 10 は次の広告に関するものです。

> 　今日です！『マネー・アンド・マーケティング』を注文すれば，市販価格の 43 パーセントを節約できます。たった 34 ドルで，銀行取引や投資についての専門家の意見に加えてあらゆる新興企業に関する綿密な情報が得られます。注目すべき企業や，アジアとヨーロッパの市場について知ってください。
> 　今ご注文なさいますと，14 カラットのホワイトゴールドめっきの紙幣用クリップを完全に無料で差し上げます。
> 　お金への探求心を満たしてください。たった 34 ドルで『マネー・アンド・マーケティング』の 1 年間の購読を契約してください。

【語句・用語】**newsstand price**（新聞・雑誌売店での）市販価格／**in-depth** 綿密な，詳細な／**keep one's eye on ~** ~を注意深く見つめる／**quest** 追求，探求／**sign up** 契約する／**subscription** 予約購読

8. 正解 (D)

save や金額の割合に関する語句をスキャニングしよう《ルール2》。Save 43 percent off the newsstand price... から，(D)「43 パーセント」を節約できることがわかる。

設問の訳 広告によれば，顧客はどの程度のお金を節約できるか。
(A) 30 パーセント
(B) 34 パーセント
(C) 40 パーセント
(D) 43 パーセント

9. 正解 (B)

質問文に NOT という否定語が含まれていることに注意《ルール14》。購読のメリットとして挙げられているものを一つ一つ拾っていこう。(A) (C) (D) に該当する情報は書かれているが，(B) に該当する情報は書かれていない。

設問の訳 予約購読を注文することの利点として含まれていないものはどれか。
(A) 外国市場について知ること
(B) 個人的な株式分析を受けること
(C) 国内投資について知ること
(D) 市販の価格よりお金を節約できること

10. 正解 (A)

order, get などのキーワードをスキャニングしよう《ルール2》。第2段落に Order now and you will receive a 14-carat white gold plated money clip... とあるので，(A)「紙幣用クリップ」をもらえることがわかる。

設問の訳 予約購読を注文することで，顧客が得られるものは何か。
(A) 紙幣用クリップ
(B) カフスボタン
(C) 野球帽
(D) 金のネックレス

【訳】設問 11 - 13 は次の e メールに関するものです。

> 送信者：ジェーソン・ベネット [jason@bennettcorp.com]
> 受信者：ジル・エバンズ [jill@bennettcorp.com]
> 件　名：月曜日
>
> こんにちは，ジル。
>
> 月曜日は，私はオフィスにいないので，いくつかのことをしておいてもらう必要があります。
>
> 私の月曜日の約束を週の後半に変更してください。私は午後 8 時まで仕事をしているので，必要ならば午後 6 時まで予定を入れてくれて結構です。
>
> バーニー・アンド・シェーファー・グループのラサール氏が書類を渡すために立ち寄ると思います。その書類は私の机の上に置いてください。さらに，ラサール氏には「バーニー・アンド・シェーファー」と記された黒のフォルダーを渡してください。そのフォルダーはあなたの机の上に置きました。
>
> ダーストさんとの火曜日のランチの約束はキャンセルしてください。カジュアルなランチにすぎませんので。もしダーストさんがご希望なら，次の週の月曜日に予定を変更して構いません。
>
> 熱心に働いてくれてありがとう。コスタリカで素晴らしい時間を過ごしていることを願っています。
>
> ジェーソン

【語句・用語】**reschedule**（予定）を変更する／**appointment**（面会の）約束／**document** 書類

11. 正解 (B)

reschedule および時刻に関する語句をスキャニングしよう《ルール2》。...you can schedule <u>until 6 p.m.</u> if needed. から，正解は (B) である。

設問の訳　ジルはベネット氏の約束を何時までのものに変更すべきか。
(A) 午後5時
(B) 午後6時
(C) 午後7時
(D) 午後8時

12. 正解 (A)

キーワードである Mr. LaSalle をスキャニングしよう《ルール2》。中ほどの段落に Mr. LaSalle が出てくるので，この前後を読んで正解を見つけよう。You will also need to give him the black folder marked "Bernie & Schaefer." から，正解は (A) である。

設問の訳　ジルがラサール氏に渡すべきものは何か。
(A) 黒のフォルダー
(B) 会社の紹介
(C) 書類のリスト
(D) ベネット氏の自宅の電話番号

13. 正解 (C)

キーワードである Ms. Durst をスキャニングしよう《ルール2》。最後から2番目の段落に Ms. Durst が出てくるので，ここを読めば正解がわかる。You can reschedule it for Monday next week, if she asks. から，正解は (C) である。

設問の訳　ジルはダーストさんとの昼食をいつに変更してよいか。
(A) 木曜日
(B) 金曜日
(C) 月曜日
(D) 火曜日

【訳】設問 14 - 16 は次のニュース記事に関するものです。

> 　洋服小売業のサグ社は，フランスのル・パルファム社と，香水やヘルスケア商品のラインナップを拡張する助けとなる取引の契約を結んだと，火曜日に発表した。
> 　この合意は，サグ社の低迷期になされた。サグ社の売り上げはここ 14 四半期連続で下降している。有名な香水メーカーと組むことで，サグは 90 年代後半に達成したレベルまで販売を拡大し，高級小売店としての名声を再び手に入れたいと願っている。
> 　サグは新しい製品を高級客向けのラ・サジア店で販売する予定である。ほかの製品は，通常のサグ店での販売を続ける。
> 　両社とも財務情報は全く発表しなかったが，サグ社の株式は 1 株あたり 16 ドル 23 セントまで上昇した。

【語句・用語】**brief** 概要，短い記事／**retail** 小売り／**clothier** 洋服店，服地製造 [販売] 業者／**deal** 取引／**line** 商品部門／**personal-care** 健康の維持・増進／**agreement** 合意／**straight** 連続した／**quarter** 四半期 (3 か月)／**pair with** 〜 〜と対になる／**high-end** 高級な，洗練された客向けの／**release** 発表する

14. 正解 (B)

When で始まる質問文なので，時期に関する語句をスキャニングしよう《ルール 2》。冒頭の Retail clothier Sag, Inc. announced Tuesday… から，正解は (B)。この文の announce「発表する」は質問文の make their deal public のパラフレーズであることに注意しよう《ルール 6》。

設問の訳 両社が取引を公表したのはいつか。
(A) 月曜日　　　　　　　　　(B) 火曜日
(C) 水曜日　　　　　　　　　(D) 木曜日

15. 正解 (D)

「近年売り上げが下降しているが，有名な香水メーカーと組むことで 90 年代後半に達成したレベルまで販売を expand する」という文脈から，expand sales は「販売を伸ばす，増加させる」という意味で使われていると判断できる。選択肢の中から (C) は文脈に合わないためまず削除できる《ルール 5：ポイント 1》。残りの (A) (B) (D) を検討すると，「販売を伸ばす」という意味になるのは (D) のみである。

> 設問の訳　第2段落3行目の "expand" という単語に最も意味が近いのはどれか。

(A) 発展させる
(B) 延長する
(C) 説明する
(D) 増やす

16. 正解 (C)

most successful および時期に関する語句をスキャニング《ルール2》。第2段落第2文の …Sag hopes to expand sales to the level it achieved in the late nineties… から，90年代後半が現時点での目標になるほどに好調だったことが推測できる《ルール4》。選択肢で90年代後半に該当するのは (C)。

> 設問の訳　次の期間のうちサグ社がおそらく最も好調だったのはいつか。

(A) 1985〜1989年
(B) 1990〜1994年
(C) 1995〜1999年
(D) 2000〜2004年

【訳】設問 17 - 20 は次のニュース記事に関するものです。

> 市場調査会社のフェアファックスは，ノートパソコンのヨーロッパとアフリカにおける販売が第 3 四半期に前年比で 17.4 パーセント増え，1490 万台に達したと水曜日に述べた。
>
> 世界全体のノートパソコンの出荷台数は第 3 四半期に総計で 4690 万台に達し，前年比 13.8 パーセントの増加であった。アメリカへのノートパソコンの出荷は 1520 万台に達し，10.2 パーセントの増加であった。アジア・太平洋地域への出荷は総計 1680 万台，前年比 17.1 パーセントの増加であった。
>
> 主要販売メーカーにはトレル，サムサン，ドニーが含まれる一方で，フェアファックスは，G&M コンピュータがアジアとヨーロッパで売れ行きを伸ばしたと報告した。

【語句・用語】**researcher** 調査会社／**previous** 前の／**shipment** 発送，出荷／**total** 総計して〜になる／**leading** 主要な

17. 正解 (D)

地域名と売り上げの伸び率をスキャニングしていき《ルール 2》，その中で最も数字が大きい地域を答えればよい。17.4 パーセントの伸びを示した「ヨーロッパとアフリカ」が最も高いため，正解は (D)。ニュース記事という体裁を取っているが，図表問題の要領で解くことができる設問《ルール 1》。

設問の訳　どの地域がノートパソコンの販売で最も高い率を示したか。
(A) アジア／太平洋
(B) アメリカ
(C) 南アメリカ
(D) ヨーロッパ／アフリカ

18. 正解 (C)

キーワードである quarter をスキャニングしよう《ルール 2》。この記事で取り上げられているデータはすべて the third quarter「第 3 四半期」に関するものであることがわかる。

設問の訳　この報告はどの四半期に関するものか。
(A) 第 1 四半期　　　　　　　(B) 第 2 四半期
(C) 第 3 四半期　　　　　　　(D) 第 4 四半期

19. 正解 (B)

worldwide, increase をスキャニングしよう《ルール 2》。第 2 段落の第 1 文の Notebook shipments worldwide totaled..., a <u>13.8 percent increase</u> from a year earlier. から、13.8 パーセント増加したことがわかる。

設問の訳　世界全体のノートパソコンの出荷台数はどの程度増えたか。
- (A) 10.2 パーセント
- (B) 13.8 パーセント
- (C) 17.1 パーセント
- (D) 17.4 パーセント

20. 正解 (A)

rise, Asia, Europe をスキャニングしよう《ルール 2》。最終段落の ...Fairfax reported <u>G&M computers were on the rise in Asia and Europe</u>. から、正解は (A)。選択肢 (B) (C) (D) にある社名もすべてこの段落に登場しているが、ひっかけの選択肢である《ルール 13》。

設問の訳　どのコンピュータメーカーがアジアとヨーロッパにおいて販売を伸ばしたか。
- (A) G&M
- (B) トレル
- (C) ドニー
- (D) サムサン

【訳】設問 21 - 24 は次の告知に関するものです。

> ラングレー芸術財団は，地元の作家や芸術家の祝賀会「ラブ・フォー・ラングレー」に皆さまをお招きしたいと思っています。このイベントは，ラングレーアートセンターで，11月7日土曜日の午後6時に開かれます。
>
> このイベントは，地元の芸術家ハーバート・ウェルチとラモーナ・ダービーの絵画や写真を特集します。自らの作品も展示されるカメリア・ジョーダンが，まもなく発売される自身の小説『ストレンジャーズ・コーリング』から一節を読み上げます。ラングレーカルテットが，音楽を演奏します。
>
> ご来場者には，上品な5種コース料理と，それに続いて茶菓が振る舞われます。チケットは，ご来場者1名につき20ドル，会員は15ドルです。予約はデュエイン・リチャーズ(245-3838)までお電話をいただくか，event@langleyart.net まで e メールをお送りください。詳細は，www.langleyart.net でご覧いただけます。

【語句・用語】**foundation** 財団／ **entitled** ~という題名の／ **feature** ~を特集する／ **release** 発売する／ **refreshments** 軽い飲食物／ **info**（= **information**）詳細情報

21. 正解 (D)

キーワードである sponsor をスキャニングしよう《ルール2》。sponsor という単語そのものは使われていないが，冒頭の The Langley Arts foundation would like to invite... という文言から，The Langley Arts foundation が主催していることが推測できる《ルール4》。

設問の訳　このイベントのスポンサーは誰か。
(A) ラングレーカルテット
(B) ラングレー芸術センター
(C) ラングレー市議会
(D) ラングレー芸術財団

22. 正解 (B)

display など展示に関する語句をスキャニングしよう《ルール2》。第2段落の The event will feature paintings and photographs by local artists... から，正解は (B)。

設問の訳　ラングレーアートセンターでは何が展示されるか。
(A) 壁画 　　　　　　　　(B) 写真
(C) インスタレーション　　(D) 芸術家の経歴

23. 正解 (D)

authorや人名をスキャニングしよう《ルール2》。第2段落の第2文で，会場ではJordan氏の作品が展示され，かつJordan氏は自分の小説の一節を読み上げると書かれている。ゆえに，Jordan氏はartistであり authorであることがわかる。

設問の訳 ラングレーの芸術家で，作家でもあるのは誰か。

(A) ハーバート・ウェルチ
(B) ラモーナ・ダービー
(C) デュエイン・リチャーズ
(D) カメリア・ジョーダン

24. 正解 (C)

料金に関する語句をスキャニングしよう《ルール2》。Tickets are $20 per guest and $15 per member. から，正解は (C)。non-memberがguestのパラフレーズであることを見逃さないこと《ルール6》。

設問の訳 非会員のチケット料金はいくらか。

(A) 10ドル
(B) 15ドル
(C) 20ドル
(D) 25ドル

【訳】設問 25 - 28 は次の e メールに関するものです。

送信者：カーラ・ストーン [stone@gamutfashions.com]
受信者：フェルナンド・ヘルナンデス [fhernandez@factoria.com]
件　名：ファクトリア社の生産について

ヘルナンデス様

前四半期の貴工場の高い生産実績に感謝申し上げます。皆さま方のご尽力により，昨年の弊社の売り上げは 22 パーセントも伸びました。

ガムート社の幹部と協議をした結果，本年満了のわれわれの契約を延長したいと考えています。もちろん，新契約はこれまで以上の金額を提示しますが，同時に貴工場の出荷高の 30 パーセント増を求めるものになります。

来週貴殿とお会いするために，グアダラハラへ飛行機で向かいます。

おめでとうございます。そして，その調子でお願いいたします。今度の火曜日，交渉の際にお会いしましょう。

よろしくお願い申し上げます。
カーラ・ストーン

【語句・用語】**output** 生産（高），出荷／ **sales** 販売，売り上げ／ **executive** 幹部，取締役／ **keep up** 〜　〜を継続する

25. 正解 (A)

レイアウト，メールアドレスから，この e メールがガムート社の Ms. Stone からファクトリア社の Mr. Hernandez にあてたものであるとわかる《ルール 1》。Gamut's increased sales に関する語句をスキャニングしよう《ルール 2》。本文最初の段落で，（ファクトリア社の）「高い生産実績（high output）に感謝」を述べ，それが「ガムート社の売り上げ増に貢献した（helped increase our sales）」と言っている。

設問の訳　ストーン氏はガムート社の売り上げ増は何のおかげだと述べているか。
(A) ファクトリア社の高い生産量　　(B) ファクトリア社の低い経費
(C) ファクトリア社の良好な立地　　(D) ファクトリア社の良好な経営

26. 正解 (B)

キーワード offer の関連語句をスキャニングしよう《ルール2》。第2段落では contract, more money などを申し出ていることがわかる。選択肢を検討すると、(A) (C) は文脈から外れており、この文書は会社と会社の関係を述べているので (D) の「給与の増額」(salary increase) も不可《ルール5》。よって、正解は (B)。

設問の訳 ガムート・ファッションズがヘルナンデス氏に提示しているのは何か。
(A) より多くの従業員
(B) 新しい契約
(C) 新しい建物
(D) 給与の増額

27. 正解 (C)

output および数字に関する語句をスキャニングしよう《ルール2》。第2段落最後の …require 30 percent more output… から、(C) が正解。

設問の訳 ガムート・ファッションズは、どの程度の出荷高の増加を要求しているか。
(A) 10 パーセント
(B) 20 パーセント
(C) 30 パーセント
(D) 40 パーセント

28. 正解 (A)

質問文のキーワードである Guadalajara を本文中からスキャニングしよう《ルール2》。第3段落に I will be flying to Guadalajara next week to meet with you., そして第4段落に I will see you next Tuesday when we negotiate. とあるため、(A) が正解。

設問の訳 ストーン氏がグアダラハラに飛行機で向かうのはなぜか。
(A) 交渉するため
(B) 休暇のため
(C) 工場を訪れるため
(D) 親類に会うため

【訳】設問 29 - 33 は次の広告と申込書に関するものです。

バンクワン・クレジットカード

年率（APR）が 1.9 パーセントと非常に低いので，バンクワン・クレジットカードは大学生や低金利を期待する方々には，たいへんに良いスタートです。

カードにお申し込みになるには，添付の申込書にご記入ください。申込者のほとんどの方が承認されます。申込書は，黒のインクか（ワープロなどの）タイプにて完全にご記入していただく必要があります。

手続きには 2 〜 3 週間の余裕を見ておいてください。

【語句・用語】**application** 申込書／**APR**（= **annual percentage rate**）年率／**look to** *do* 〜することを期待する／**apply for** 〜 〜を申し込む／**attached** 付属の／**approve** 承認する／**allow** 許す，（時間・費用などの）余裕を見ておく／**processing** 処理

名前：リンダ・ファーガソン　　日付：7 月 10 日　　電話：(612) 234-8483
住所：ヘリング・レーン 9483
都市：ミネアポリス　　　　　　州：ミネソタ　　　　　郵便番号：55405

ほかにお持ちのクレジットカードを挙げてください：
ビザ・プラチナ，アメリカン・エクスプレス

あなたの所得の範囲にチェックマークを入れてください：
☐ 15,000 未満　　☐ 15,000-25,000　　☑ 25,000-40,000　　☐ 40,000 以上

もし承認されれば，新しい口座にいくら移したいと思いますか。
金額：$7,000
カード番号：AMEX 0237 8392 8482 9021
有効期限：10 / 09

【語句・用語】**bracket** 階層，集団／**transfer** 移す／**amount** 量，金額／**expiration** 有効期限

29. 正解 (D)

設問を読み始める前に，それぞれの文書の関係を把握しよう《ルール 11》。1 つ目の文書は Bank One Credit Card の広告，2 つ目の文書はクレジットカードの申込用紙である。

Bank One Credit Card の顧客層に関する設問であるため，カード会社の広告の方をスキャニングしよう《ルール12》。第1段落の Bank One Credit Card is a great start for college students or people looking to get a lower interest rate. から，「顧客層」は (D) College students と推測できる《ルール4》。

設問の訳　バンクワン・クレジットカードの顧客層は何か。
(A) 専門家
(B) 債務を抱える人々
(C) 中小企業
(D) 大学生

30. 正解 (C)

同じく Bank One Credit Card に関する設問であるため，カードの広告に正解に関する情報があると推測できる《ルール12》。時期に関する語句をスキャニングすると，広告の最後に Please allow 2 - 3 weeks for processing. とあり，2～3週間かかることがわかる。選択肢の中で2～3週間に最も近いのは (C)。

設問の訳　申込者は自分が承認されたかどうかがわかるまで，およそどれくらい待たなくてはならないか。
(A) 5日
(B) 10日
(C) 15日
(D) 30日

31. 正解 (D)

2つ目の文書はこの質問文のキーワードとなる Ms. Ferguson の書いた申込書であるため，申込書から場所に関する語句をスキャニングしよう《ルール12》。**City：**の欄に Minneapolis と記されているので (D) が正解。

設問の訳　ファーガソンさんが住んでいるのはどこか。
(A) セントポール
(B) ローレンス
(C) アナポリス
(D) ミネアポリス

32. 正解 (C)

同じく Ms. Ferguson に関する設問であるため，申込書をスキャニングしよう《ルール 12》。**Please list any other credit cards you have :** の欄に Visa Platinum, American Express とあるから，すでに 2 枚のクレジットカードを持っていることがわかる。よって，新たに 1 枚が加われば 3 枚持つことになるので，(C) が正解。

設問の訳　もし承認されれば，ファーガソンさんは何枚のクレジットカードを持つことになるか。

(A) 1 枚
(B) 2 枚
(C) 3 枚
(D) 4 枚

33. 正解 (B)

Ms. Ferguson に関する設問であるため，申込書から金額に関する語句をスキャニングしよう《ルール 12》。**If approved, how much would you like to transfer to your new account?** の問いに **Amount :** $7,000 と答えているから，(B) が正解。

設問の訳　もし承認されれば，ファーガソンさんは新しいカードにいくら移すつもりか。

(A) 5,000 ドル
(B) 7,000 ドル
(C) 15,000 ドル
(D) 17,000 ドル

【訳】設問 34 - 38 は以下の広告と手紙に関するものです。

航空券を最もお手ごろなお値段で！

大阪	250 ドル	台北	400 ドル
香港	300 ドル	北京	400 ドル
東京	300 ドル	上海	400 ドル
マニラ	350 ドル	ジャカルタ	600 ドル

　アジアへの旅行をお考えですか。ライトトラベルは，あなたのお気に入りの目的地までの最良の往復チケットをご用意しております。われわれは親切なサービスを手ごろな価格で提供します。

　販売員とお話しになりたい場合は，5468-9878 まで電話をおかけください。あるいは，当社のウェブサイト www.righttravel.com から，当社の価格の完全なリストをご覧ください。

　上記の価格リストには消費税は含まれません。最低 1 週間の滞在が必要です。

【語句・用語】**roundtrip** 往復の／ **destination** 目的地／ **affordable** 手ごろな／ **representative** 販売員／ **sales tax** 消費税

送信者：ミン・ヒューバート [minhub@yahoo.com]
受信者：agent@righttravel.com
件　名：7 / 10 の広告

関係者各位

日曜日の新聞で貴社の広告を見たので，貴社のダウンタウンの支店に月曜日に参りました。

貴店を訪ねた際，代理店の方は掲載価格で利用可能なフライトはないが，600 ドルであれば，利用可能なフライトがあるとのことでした。私は驚きました。

貴社では広告に載ったチケットが 1 日以内に売り切れることが普通なのかはわかりませんが，私はだまされたような感じがしています。

よろしくお願いいたします。
ミン・ヒューバート

【語句・用語】**concern** 〜に関係する，〜の関心事である／**downtown** ダウンタウンの，都心の／**agent** 代理人，係員／**available** 利用可能な／**sell out of** 〜 〜を売り切っている／**mislead** だます

34. 正解 (A)

2つの文書の関係を見てみると，1つ目の文書は航空券に関する広告，2つ目の文書はその広告を見た読者からの手紙である《ルール11：パターン1》。航空券に関する設問なので，広告に正解の手掛かりが書いてあると推測できる《ルール12》。さらに，価格に関してたずねているので，目的地と価格の一覧表を参照すればよい。300ドル以内で往復できるのは大阪である。香港や東京の価格は300ドルと書かれているが，この価格には消費税が含まれていないことに注意すべきである。消費税を含めると300ドルを超えてしまう。

設問の訳　もし顧客が300ドルを使えるなら，行くことが可能な目的地はどこか。
(A) 大阪
(B) 東京
(C) 北京
(D) 香港

35. 正解 (A)

再び航空券に関する設問なので，1つ目の文書である広告から場所に関する語句をスキャニングしよう《ルール12》。一覧表にある目的地はすべてアジアの都市であり，さらに冒頭のLooking to travel to Asia ? という表現から，正解は(A)。

設問の訳　ライトトラベルはどの方面へのチケット販売を専門にしているか。
(A) アジア
(B) オセアニア
(C) 東アフリカ
(D) 東ヨーロッパ

36. 正解 (C)

選択肢を1つずつ当てはめていくと，(B)(D)は文脈に合わないので除外できる。(A)が「見る」に関係する単語であるため，(A)が正解のように思えるかもしれない。ただし，lookはここでは「(〜することを)

期待する」という意味で用いられている。よって、正解は (C)。look のこのような用法になじみがないと、正解するのが難しい問題である《ルール 9：ポイント 3》。

設問の訳 広告の第 1 段落 1 行目の "looking" という単語に最も意味が近いのはどれか。
(A) 漫然と見ている
(B) 訴えている
(C) 期待している
(D) 組織している

37. 正解 (D)

advertisement は 1 つ目の文書である広告のことだが、広告には曜日に関する情報はない。2 つ目の文書の手紙から、時期にかかわる語句をスキャニングすると、本文最初の段落に …I saw your ad in Sunday's newspaper. とある《ルール 2》。よって、正解は (D)。

設問の訳 この広告はいつ発行されたか。
(A) 月曜日
(B) 水曜日
(C) 土曜日
(D) 日曜日

38. 正解 (B)

Mr. Hubert は手紙の送り手である。よって、手紙から感情に関する語句をスキャニングしよう《ルール 2》。最終文の …I feel like I was misled. から、正解は (B)。なお、cheated は misled のパラフレーズであることに注意《ルール 6》。第 2 段落に I was astonished. とあるが、これは価格を知った時の感情であり、店を出た後ではないので (C) や (D) は不適。

設問の訳 ヒューバート氏はライトトラベルの支店を出た後どのように感じたか。
(A) うれしかった
(B) だまされた
(C) 驚いた
(D) 興奮した

【訳】設問 39 - 43 は次のやりとりに関するものです。

送信者：マーカス・ハーディ [mhardy@hotmail.com]
受信者：バージニア・ピープルズ [virginia@goldbergltd.com]
件　名：広告部長のポジション

ピープルズ様：

　貴社に広告部長として入社することに寄せる私の関心を，繰り返し述べさせていただくことをお許しください。
　コミュニケーション学で修士の学位を持つ専門家として，私は自分のキャリアでさらにやりがいのある機会を熱望しております。
　私は，自らの技能・業績，および 10 年間にわたる専門家としての経歴で，企業の一般消費者との意思疎通に専心してきたことをおわかりいただけるかと存じます。さらには，私の経歴は広告部長という職責に適していると感じています。
　お時間を取っていただきありがとうございます，ピープルズ様。お返事をお待ちしております。

よろしくお願い申し上げます。
マーカス・ハーディ

【語句・用語】**correspondence** 手紙のやりとり，通信／**reiterate** 繰り返して言う／**Master's degree** 修士の学位，修士号／**accomplishment** 業績／**commitment** 献身，参加，関与／**conform with** 〜 〜と適合する

> 送信者：バージニア・ピープルズ [virginia@goldbergltd.com]
> 受信者：マーカス・ハーディ [mhardy@hotmail.com]
> 件　名：Re：広告部長のポジション
>
> ハーディ様
>
> 　ゴールドバーグ社へ引き続きご関心を寄せていただき、ありがとうございます。ご返信が遅れましたことをおわび申し上げます。予想していたよりも多くのご応募をいただきました。
> 　予定を調整して、できるだけ早く面接させていただきたいと思います。できれば今週の木曜日、金曜日あたりでいかがでしょうか。
> 　電話番号 394-8584 までお電話をください。当社のオフィスはダウンタウンのインテルビルの10階にございます。
> 　お会いできることを楽しみにしています。
>
> よろしくお願い申し上げます。
> バージニア・ピープルズ

【語句・用語】**continued** 引き続きの／**respond** 返答する／**application** 応募／**preferably** もしできれば

39. 正解 (C)

1つ目のeメールは Mr. Hardy から Ms. Peoples への問い合わせ、2つ目のeメールはそれに対する返信である。2つのeメールに直接的な関係があるパターン1の問題《ルール11》。

Mr. Hardy に関する設問であるため、1つ目のeメールに正解がある可能性が高い《ルール12》。メールの用件に関する設問である。用件は件名の欄や冒頭に書かれていることが多いので、その部分に注目《ルール1》。第1段落の Allow me to reiterate my interest in joining your company as Advertising Manager. から、Mr. Hardy は一度広告部長に応募をし、審査状況について問い合わせをしていることが想像できる《ルール4：ポイント3》。よって、(C) が正解。

設問の訳　なぜハーディ氏はこのeメールを書いたか。
(A) 仕事に応募するため
(B) 自分の経歴を自慢するため

(C) 自分の応募後の経過を確認するため
(D) その会社が雇用するかどうかを調べるため

40. 正解 (C)

Mr. Hardy の専門分野に関する設問であるため，1つ目の e メールから学問分野に関する語句をスキャニングしよう《ルール12》。本文第2段落の As a professional with a Master's degree in Communication,... から，正解は (C)。

設問の訳 ハーディ氏は何を勉強したか。
(A) ビジネス
(B) 美術史
(C) コミュニケーション学
(D) 社会科学

41. 正解 (B)

同じく Mr. Hardy に関する設問であるため，1つ目の e メールから時期に関する語句をスキャニングしよう《ルール12》。本文第3段落の 10-year professional history から，10年間の経歴があることがわかる。

設問の訳 ハーディ氏は専門家としてどれくらいの期間働いてきたか。
(A) 5年間
(B) 10年間
(C) 15年間
(D) 20年間

42. 正解 (D)

Ms. Peoples に関する設問であるため，2つ目の e メールから時期に関する語句をスキャニングしよう《ルール12》。本文第2段落の I would like to schedule and interview with you as soon as possible, preferably this week, on Thursday or Friday. から，(D) が正解。

設問の訳 ピープルズさんはハーディ氏といつ面会したいか。
(A) 月曜日
(B) 火曜日
(C) 水曜日
(D) 木曜日

模擬テスト

43. 正解 (B)

同じく Ms. Peoples に関する設問であるため、2つ目の e メールから場所に関する語句をスキャニングしよう《ルール 12》。本文第 3 段落の Our office is on the 10th floor of the Intel Building downtown. から、(B) が正解であることがわかる。

設問の訳 ピープルズさんのオフィスはどこにあるか。
- (A) トランプタワー
- (B) インテルビル
- (C) アップタウンビル
- (D) ゴールドバーグビル

【訳】設問 44 - 48 は次のやりとりに関するものです。

送信者：ブラッド・ポッツ [bpotts@msn.com]
受信者：ゲイル・ウィルシャー [gayle@ritztrading.com]
件　名：書類運搬人

ウィルシャー様

　貿易業者として働いている私の友人，ジョナサン・ピアシーが，あなたが重要書類をニューヨークからニカラグアまで運ぶ書類運搬人を探していると，私に教えてくれました。
　私は大学院が夏休みですので，あなたの代わりに喜んで書類をお届けしたいと思います。もし必要であれば，追加の推薦状と履歴書をお送りすることができます。
　この計画に関する詳細を教えてください。

よろしくお願いいたします。
ブラッド・ポッツ

【語句・用語】**courier**(重要書類などの)運搬人／**document** 書類／**graduate school** 大学院／**reference** 人物証明書，推薦状／**circumstances** 詳細，状況

送信者：ゲイル・ウィルシャー [gayle@ritztrading.com]
受信者：ブラッド・ポッツ [bpotts@msn.com]
件　名：Re：書類運搬人

ポッツ様

　ピアシー君は私のいい友人ですので，追加の推薦状は必要ございません。今回の書類は大変重要で一刻を争うものであることをご理解ください。
　あなたにはニューヨークを土曜日の午前6時に出発していただきます。これが利用可能な一番早いフライトですので，これにせざるを得ませんでした。
　金曜日のランチに私のところに来てください。そこで，諸条件について話し合いましょう。予定を決める際にですが，移動に2日間取って，マナグアに5日間滞在する計画にしてください。そのようにすれば，現地の会社が書類を準備し，あなたに返却するのに十分なはずです。
　これは極秘情報ですので，この件は誰にも話さないでください。金曜日の午前11時30分に会いましょう。もしご質問があれば，私の直通の電話番号は832-3487です。

ご協力に感謝申し上げます。

よろしくお願い申し上げます。
ゲイル・ウィルシャー

【語句・用語】**time sensitive** 一刻を争う，時間制限のある／**available** 利用可能な／**terms and conditions** 取引条件，諸条件／**classified information** 極秘情報

44. 正解 (B)

2つの文書に直接的な関係がある問題《ルール11：パターン1》。Mr. Potts と Ms. Wilshire とのやりとりである。1つ目のeメールでは Mr. Potts が運搬人の仕事内容について Ms. Wilshire に問い合わせており，2つ目のeメールでは Ms. Wilshire が仕事の内容を説明している。ポッツ氏の友人に関する設問であるため，1つ目のeメールに正解が書かれている可能性が高い《ルール12》。本文冒頭の My friend Jonathan Pearcy, who works as a trader,... から，(B) が正解。

設問の訳　ポッツ氏の友人の職業は何か。
(A) 仲介業者

(B) 貿易業者
(C) 書類運搬人
(D) 翻訳者

45. 正解 (B)

場所に関する語句をスキャニングしよう。1つ目のeメールの本文第1段落に …take important documents from New York to Nicaragua. とあるから，正解は (B) である。

設問の訳　ポッツ氏が書類を届けるのはどこか。
(A) ホンジュラス
(B) ニカラグア
(C) ニュージャージー
(D) ニューハンプシャー

46. 正解 (C)

仕事の詳細に関する設問であるため，2つ目のeメールに正解が書かれている可能性が高い《ルール12》。曜日に関する語句をスキャニングすると，第2段落初めの You will be leaving New York on Saturday at 6 a.m. から，(C) が正解であることがわかる。

設問の訳　ポッツ氏は何曜日に出発するか。
(A) 木曜日　　　　　(B) 金曜日
(C) 土曜日　　　　　(D) 日曜日

47. 正解 (C)

仕事の詳細に関する設問であるため，同様に2つ目のeメールから期間に関する語句をスキャニングしよう《ルール12》。本文第3段落第2文に When scheduling, allow two days for travel and plan to stay in Managua for five days… 「移動に2日間，滞在が5日間」とあり，「出かける期間」は (C) の「7日間」と推測できる《ルール4》。

設問の訳　ポッツ氏はどのくらいの期間出掛けることになるか。
(A) 3日間
(B) 5日間
(C) 7日間
(D) 10日間

48. 正解 (D)

classified information は「極秘情報」のこと。よって、最も近いのは (D) である。もし、classified の意味がわからない場合は、文脈から推測してみよう《ルール9：ポイント3》。「これは classified information ですので、この件は誰にも話さないでください」とある。よって、classified は「秘密の」といった意味であることが推測できるだろう。

設問の訳　2つ目の文書、第4段落1行目、"classified" という単語に最も意味が近いのはどれか。

(A) 等級
(B) カテゴリー
(C) 連続した
(D) 極秘の

模擬テスト

ANSWER SHEET

受験番号				
氏名 日本語				
ローマ字				

Part 7

NO.	ANSWER A B C D	NO.	ANSWER A B C D	NO.	ANSWER A B C D
1	Ⓐ Ⓑ Ⓒ Ⓓ	17	Ⓐ Ⓑ Ⓒ Ⓓ	33	Ⓐ Ⓑ Ⓒ Ⓓ
2	Ⓐ Ⓑ Ⓒ Ⓓ	18	Ⓐ Ⓑ Ⓒ Ⓓ	34	Ⓐ Ⓑ Ⓒ Ⓓ
3	Ⓐ Ⓑ Ⓒ Ⓓ	19	Ⓐ Ⓑ Ⓒ Ⓓ	35	Ⓐ Ⓑ Ⓒ Ⓓ
4	Ⓐ Ⓑ Ⓒ Ⓓ	20	Ⓐ Ⓑ Ⓒ Ⓓ	36	Ⓐ Ⓑ Ⓒ Ⓓ
5	Ⓐ Ⓑ Ⓒ Ⓓ	21	Ⓐ Ⓑ Ⓒ Ⓓ	37	Ⓐ Ⓑ Ⓒ Ⓓ
6	Ⓐ Ⓑ Ⓒ Ⓓ	22	Ⓐ Ⓑ Ⓒ Ⓓ	38	Ⓐ Ⓑ Ⓒ Ⓓ
7	Ⓐ Ⓑ Ⓒ Ⓓ	23	Ⓐ Ⓑ Ⓒ Ⓓ	39	Ⓐ Ⓑ Ⓒ Ⓓ
8	Ⓐ Ⓑ Ⓒ Ⓓ	24	Ⓐ Ⓑ Ⓒ Ⓓ	40	Ⓐ Ⓑ Ⓒ Ⓓ
9	Ⓐ Ⓑ Ⓒ Ⓓ	25	Ⓐ Ⓑ Ⓒ Ⓓ	41	Ⓐ Ⓑ Ⓒ Ⓓ
10	Ⓐ Ⓑ Ⓒ Ⓓ	26	Ⓐ Ⓑ Ⓒ Ⓓ	42	Ⓐ Ⓑ Ⓒ Ⓓ
11	Ⓐ Ⓑ Ⓒ Ⓓ	27	Ⓐ Ⓑ Ⓒ Ⓓ	43	Ⓐ Ⓑ Ⓒ Ⓓ
12	Ⓐ Ⓑ Ⓒ Ⓓ	28	Ⓐ Ⓑ Ⓒ Ⓓ	44	Ⓐ Ⓑ Ⓒ Ⓓ
13	Ⓐ Ⓑ Ⓒ Ⓓ	29	Ⓐ Ⓑ Ⓒ Ⓓ	45	Ⓐ Ⓑ Ⓒ Ⓓ
14	Ⓐ Ⓑ Ⓒ Ⓓ	30	Ⓐ Ⓑ Ⓒ Ⓓ	46	Ⓐ Ⓑ Ⓒ Ⓓ
15	Ⓐ Ⓑ Ⓒ Ⓓ	31	Ⓐ Ⓑ Ⓒ Ⓓ	47	Ⓐ Ⓑ Ⓒ Ⓓ
16	Ⓐ Ⓑ Ⓒ Ⓓ	32	Ⓐ Ⓑ Ⓒ Ⓓ	48	Ⓐ Ⓑ Ⓒ Ⓓ

■注意事項
・監督官の確認がなければ，この試験は無効です。
・このマークシートはコンピュータで処理しますので，正確に記入してください。
・試験終了後，このマークシートを問題用紙とともに必ず提出してください。

旺文社の新TOEIC®テスト対策書

新TOEIC®テストスコア別攻略本シリーズ

★新TOEIC®テスト研究の最先端、韓国時事英語社最新刊『新TOEIC®テスト スコア別攻略本シリーズ』の翻訳本。New Version 対応

新TOEIC®テスト 470点攻略本 [改訂版]	CD1枚付き
新TOEIC®テスト 620点攻略本 [改訂版]	CD2枚付き
新TOEIC®テスト 730点攻略本 [改訂版]	CD2枚付き
新TOEIC®テスト 860点攻略本 [改訂版]	CD2枚付き

新TOEIC®テスト一発で正解がわかるシリーズ

★TOEIC®研究の第一人者キム・デギュンが、スコアアップのテクニックを公開！ New Version 対応

新TOEIC®テスト 一発で正解がわかる	CD1枚付き
新TOEIC®テスト 一発で正解がわかる「基礎編」	CD2枚付き

新TOEIC®テスト eスタディBooks(分野別)シリーズ

★出題傾向を徹底分析してできたTOEIC®テスト対策書にネットサービス(使用料無料)を付けた大好評『eスタディBooks』シリーズ。書籍の学習内容をネットを使った最新のスコアアップメソッドで効率よく吸収できます。New Version 対応

新TOEIC®テスト ハイパー模試
新TOEIC®テスト 英単語・熟語マスタリー2000 [改訂版]
新TOEIC®テスト 英単語・熟語マスタリー2000「英語漬け」[改訂版]
新TOEIC®テスト 英単語・熟語マスタリー「For iPod」[改訂版]

TOEIC is a registered trademark of Educational Testing Service (ETS). This publication is not endorsed or approved by ETS.

〒162-8680 東京都新宿区横寺町55 お客様相談窓口 03-3266-6400
旺文社ホームページ http://www.obunsha.co.jp/　旺文社

Obunsha

新TOEIC®テスト大戦略シリーズ 全ルール一覧

あなたをスコアアップに導く、3分野で合計42個のルール一覧です。

それぞれのルールは「ルール解説」→「例題」→「Practice Test」の順に学習し、最後に本番そっくりの「模擬テスト」でルールが身に付いたかを確認してください。

●「TOEIC®テストパート別英単語スピード攻略」には、英単語を覚えるためのルールは掲載していません。ただし、本番形式の問題文を通じて英単語が覚えられる、非常に実戦的なTOEIC®単語集です。

リスニング(Part 1〜4)のルール	掲載書籍		
ルール	リスニングルール14	730点ルール20	900点ルール20
類似音・類似概念に注意せよ!	★	★	★
パラフレーズ(言い換え)を攻略せよ!	★		★
写真から動作や状態を表す語句をイメージせよ!	★	★	
写真を抽象的に描写する表現に注意せよ!	★	★	
問いかけの出だしを聞き逃すな!	★		
疑問文の形をしている依頼・勧誘・提案表現を見破れ!	★	★	
間接的な応答に注意せよ!	★		
質問文と選択肢から内容を予測せよ!	★	★	★
ターゲットとなる人物の発話に集中せよ!	★	★	
会話の当事者以外の人物について把握せよ!	★		
何について話されている会話かを把握せよ!	★		
第1文から状況を予測せよ!	★	★	
予測に縛られず、臨機応変に内容をとらえよ!	★		★
情報を整理して記憶を保持せよ!	★		★